Inteligencia F

Guía Para Los Emprendedores

Conviértete en Maestro del Juego del Dinero Para Construir Verdadera Libertad Financiera en Negocios. Volumen Completo

Por

Income Mastery

ii

Libro 1: Inteligencia Financiera: Guía Para Los Emprendedores

Conviértete en Maestro del Juego del Dinero Para Construir Verdadera Libertad Financiera en Negocios. Volumen 1

Libro 2: Inteligencia Financiera: Guía Para Los Emprendedores

Conviértete en Maestro del Juego del Dinero Para Construir Verdadera Libertad Financiera en Negocios Volumen 2

Libro 3: Inteligencia Financiera: Guía Para Los Emprendedores

Conviértete en Maestro del Juego del Dinero Para Construir Verdadera Libertad Financiera en Negocios Volumen 3

escenarios en los que el editor o el autor de este libro puedan ser considerados responsables de cualquier dificultad o daño que pueda ocurrirles después de realizar la información aquí expuesta.

Además, la información en las siguientes páginas está destinada únicamente a fines informativos y, por lo tanto, debe considerarse como universal. Como corresponde a su naturaleza, se presenta sin garantía con respecto a su validez prolongada o calidad provisional. Las marcas comerciales que se mencionan se realizan sin consentimiento por escrito y de ninguna manera pueden considerarse como auspicios de la misma.

Tabla de Contenidos

Libro 1: Inteligencia Financiera

Guía Para Los Emprendedores

Conviértete en Maestro del Juego del Dinero Para Construir Verdadera Libertad Financiera en Negocios. Volumen 1

Por

Income Mastery

Capítulo 1: ¿Qué es Cultura Financiera e Inteligencia Financiera?

Cultura Financiera

Con el término cultura financiera o educación financiera nos referimos a la curiosidad por el entendimiento y conocimiento de las llamadas finanzas personales, incluyendo los conceptos de ingresos y gastos, y fundamentalmente, el del ahorro.

De acuerdo con la definición aportada por la OCDE, la educación financiera es el proceso por el que los inversores y consumidores financieros mejoran su comprensión de los productos financieros, conceptos y riesgos, y, a través de la información, la enseñanza y/o el asesoramiento objetivo, desarrollan las habilidades y confianza precisas para adquirir mayor conciencia de los riesgos y oportunidades financieras, tomar decisiones informadas, saber dónde acudir para pedir ayuda y tomar cualquier acción eficaz para mejorar su bienestar financiero.

Ante estas definiciones, podemos formular las siguientes preguntas:

- ¿Dónde se sitúa el nivel de cultura financiera de los españoles?
- ¿Existe una relación directa, inversa o inexistente entre nivel formativo y cultura financiera?
- ¿Qué se está haciendo para aumentar la actividad financiera?

En el año 2005, la OCDE aprobó una resolución en la que se recomendaba a los países miembros la promoción de la educación financiera de sus ciudadanos. Entre sus recomendaciones, dicho organismo reconocía la necesidad de impulsar programas de educación financiera, dirigidos a todos los ciudadanos y comenzando esta tarea en la escuela.

Aspectos de la cultura financiera

- Comportamiento Financiero
- Actitudes financieras
- Retraso de Gratificaciones
- Perspectiva del tiempo
- Bienestar financiero
- Otros aspectos

Inteligencia Financiera

A diferencia de lo que muchos pueden pensar la inteligencia financiera no está ligada a la cantidad de dinero que dispones o al conocimiento que tengamos acerca del dinero, por el contrario, esta se define: como la capacidad que podemos desarrollar para generar nuevas fuentes de ingresos y/o mejorar nuestros ingresos, buscando estabilidad económica.

Es la confianza y la capacidad de resolver problemas económicos, ya que todo en la vida está vinculado de una forma u otra al dinero. El dinero mejora o inhibe lo que las personas pueden tener y lo que pueden hacer. La inteligencia financiera está adoptando un enfoque disciplinado para aprender sobre la administración básica del dinero, equiparse con las habilidades esenciales necesarias para ser competentes y responsables con el dinero.

Podemos decir, que la inteligencia financiera es la capacidad para resolver o evitar los problemas económicos, la habilidad de saber qué hacer con tu dinero en cada momento para mantenerlo a salvo y no permitir que corra ningún riesgo y lo que es mejor, la capacidad de hacerlo crecer más y más.

En la búsqueda de esta estabilidad económica, podemos encontrar muchas palabras claves como por ejemplo, ingresos, egresos, gastos, endeudamiento, rentabilidad, inversión, apalancamiento, etc.

Factores que ayudan en la mejora de la inteligencia financiera:

- Superávit de ingresos (ingresos mayores que los egresos).
- Búsqueda constante de nuevas fuentes de ingresos.
- Optimizar y rentabilizar tu capital.
- Creación de nuevos negocios.
- Instruirte cada vez más en el campo de negocios, aprender cómo crear e invertir.
- Invertir en activos y no en pasivos.
- Planificar y asegurar una vida financiera correcta para tu etapa de retiro.

Cabe resaltar que estos puntos te ayudan a tener más inteligencia financiera, pero no existe una fórmula para llegar al "éxito", es decir, en tu crecimiento personal te encontrarás con todos estos factores y tener una buena capacidad de análisis, experiencia previa, correcta capacitación y aprendizaje, es lo que principalmente te ayudará a tomar mejores decisiones en tu día a día.

Hoy en día ya no solo podemos encontrar toda esta información en libros, cursos, sitios de internet, talleres o en la vida real, sino también en testimonios de personas exitosas que nos cuentan de una manera empírica cómo mejoraron su vida económica, crecieron no solo su rentabilidad, sino también como personas y ahora nos dan una muestra fehaciente de que es posible lograr estabilidad económica, tomando decisiones acertadas en tus finanzas.

En las siguientes páginas mostraremos cuáles son las claves para mejorar nuestra inteligencia financiera, errores que usualmente se comenten, consejos, y principalmente cuáles son todos los beneficios de lograr mejorar nuestra inteligencia financiera y cómo con esto el camino al éxito está casi asegurado.

Hay dos formas de definir inteligencia financiera, uno es tecnológico y el otro es teórico.

Inteligencia financiera tecnológica

Cuando definimos inteligencia financiera tecnológica nos referimos a cómo nuestra tecnología tiene las funciones integradas, automatizadas y específicas que las finanzas necesitan para tomar decisiones mejores y más informadas.

¿Cómo se ve eso?

La inteligencia financiera se refiere a la capacidad de nuestro software para:

- Retener la información de la moneda original
- Coincidir datos de moneda
- Retener datos de interés
- Usar lógica de contabilidad de doble entrada
- Traducir monedas
- Realizar roll-ups de gestión, legales y regulatorios
- Establecer jerarquías dependientes del tiempo
- Realizar eliminaciones, comparaciones y reconciliaciones entre empresas
- Ejecute consolidaciones múltiples de acuerdo con diferentes estándares de informes en el mismo conjunto de datos, todo mientras conserva los datos originales
- Utilizando la automatización diseñada explícitamente para los procesos financieros y contables, las finanzas pueden informar, divulgar y recopilar

información de manera más eficiente a partir de los datos de rendimiento corporativo.

Inteligencia financiera teórica

La inteligencia financiera se refiere comúnmente a la capacidad de los ejecutivos y empleados para comprender y ejecutar los principios contables. Bajo esta noción, los ejecutivos y empleados que no tienen una educación formal en finanzas o contabilidad aún necesitan comprender los principios financieros básicos. Esto es así cuando encuentran información contable, pues pueden discernir el mejor curso de acción a seguir.

Desde la teoría hasta la aplicación en el mundo real, se resumió los cuatro atributos principales de la inteligencia financiera:

- La Fundación: Los tomadores de decisiones deben entender cómo leer documentos financieros básicos. Estos incluyen el estado de resultados, el balance general y el estado de flujo de efectivo. Todos los ejecutivos deben comprender la diferencia entre efectivo y ganancias y por qué el balance general está equilibrado... o si no lo está.

- El arte: Una parte de arte y otra de ciencia, la inteligencia financiera implica que los encargados de la toma de decisiones comprendan cuándo se han aplicado los supuestos y cómo esos supuestos pueden llevar a conclusiones diferentes.
- Análisis: Los tomadores de decisiones pueden analizar significativamente los números. Pueden calcular la rentabilidad, el apalancamiento y la liquidez.
- El panorama general: los encargados de tomar decisiones pueden entender lo que significan los números cuando se colocan en contexto con la economía, la competencia, las regulaciones y las necesidades cambiantes de los clientes.

¿Qué resuelve los problemas de dinero?

La inteligencia financiera resuelve problemas de dinero. En términos simples, la inteligencia financiera es esa parte de nuestra inteligencia total que usamos para resolver problemas financieros.

La inteligencia financiera resuelve estos y otros problemas de dinero.

Desafortunadamente, si nuestra inteligencia financiera no está lo suficientemente desarrollada para resolver nuestros problemas, los problemas persisten y no se van. Muchas veces se ponen peor, causando aún más problemas de dinero.

Por ejemplo, hay millones de personas que no tienen suficiente dinero reservado para la jubilación. Si ellos no resuelven ese problema, el problema empeorará a medida que crezcan y requieren más dinero para atención médica. Les guste o no, el dinero afecta el estilo y la calidad de vida, además de permitir comodidades y sin complicadas opciones, la libertad de elección que ofrece el dinero puede marcar la diferencia.

Libertad financiera e independencia

La libertad financiera es la libertad de ser quien realmente es y hacer lo que realmente quieres hacer en la vida. Es mucho más que tener dinero. Quien quiera ser financieramente libre necesita convertirse en una persona diferente de lo que es hoy y dejar de lado lo que lo haya retenido en el pasado. La libertad financiera es un proceso de crecimiento, mejora y obtención de fortaleza espiritual y emocional para convertirse en la persona más poderosa, feliz y exitosa posible.

El hecho de que uno tenga dinero no significa que tenga libertad financiera. Disfrutar de las recompensas de la libertad financiera es simplemente una cuestión de aumentar la educación financiera personal y determinar dónde se encuentra ahora financieramente y hacia dónde quiere ir. Falta libertad financiera en el plan de estudios actual del sistema escolar. Ningún maestro, profesor o aula lo ofrece como curso, pero es lo que la gente pasa la mayor parte de sus vidas persiguiendo, ¿cómo ser financieramente libre?. La libertad financiera es un estado financiero de un individuo donde el ingreso pasivo excede los gastos de subsistencia. El ingreso pasivo es el ingreso obtenido sin la participación activa de uno. Los ejemplos incluyen renta, dividendos, intereses, regalías, bonos, etc.

Capítulo 2: Claves para lograr la Inteligencia Financiera

Analice su realidad financiera

El saber en qué situación financiera te encuentras, tomar el correcto control de tus finanzas personales, en que estabas gastando te ayudará de una manera rápida y eficaz a tomar decisiones correctas sobre tu dinero.

Tres herramientas que te ayudarán mucho en este análisis será:

Realizar un plan financiero: Principalmente un plan financiero te ayudará a estimar si tu realidad económica, cumple con las expectativas que generas en relación a la liquidez y rentabilidad esperadas.

En resumen, un plan financiero tiene como finalidad darte a entender si tu presente financiero es solvente y si cuentas con liquidez y tienes rentabilidad, como para seguir llevando tus finanzas de esta manera.

Conocer tus estados financieros: Esto no se trata solo de ver tus ingresos y egresos, esto va un poco mas allá. Parte importante de esto es que sepas analizar tus estados financieros ver las desviaciones mes a mes o año tras año de cómo tus diferentes cuentas se van modificando.

La información sacada de estos estados financieros, te debe servir para verificar si estás cumpliendo o no con tus objetivos y con esto verificar la eficacia en su utilización.

La capacidad para generar ingresos se relaciona con la inteligencia financiera y con la evaluación del riesgo; asimismo, con las capacidades del sujeto para hacer parte del engranaje social.

Esta capacidad de generar ingresos repercute en el bienestar financiero de nosotros, fortaleciendo o no sus relaciones con el entorno económico en el que vivimos; y también, repercute a largo plazo con el desarrollo de la sociedad y la posibilidad de igualdad dentro de la misma.

El endeudamiento

Muchas personas especialmente los jóvenes al iniciar su vida financiera piensan que el endeudamiento es sinónimo de crecer, esto es algo incorrecto. Las deudas en muchos casos son sinónimo de muerte financiera, el estar ligado a una deuda en un banco, con la tarjeta de crédito, financiera, etc., muchas veces nos hacen esclavo de esta.

Son muy pocas las ocasiones que se puede estar a favor del endeudamiento, siempre que no sea para bienes de consumo, si no en inversiones que te generen una buena rentabilidad y no pongas en riesgo tu patrimonio y cuentes con los ingresos necesarios para poder cubrir con esta responsabilidad financiera.

Si actualmente ya estás endeudado(a), pues quizás es buen momento para que pienses en cómo salir de estas. Pues tú podrías encontrarte con una insolvencia personal o financiera que te lleve a perder mucho tiempo y dinero.

Ahorro es progreso

Planificar lo que vas a ahorrar y no pensar en guardar dinero cuando te sobre (hecho que difícilmente ocurra), te ayudará mucho en tener una buena salud financiera. En primer lugar, pensar en "pagarnos a nosotros mismos" y luego pagar a los demás, aprenderemos a acomodar nuestras finanzas y mejoraremos nuestros hábitos financieros.

Muchas personas creen que es complicado ahorrar, cuando en realidad depende de cada uno de nosotros vivir nuestra realidad, dejar de pensar que el dinero que ganamos es igual al dinero que gastamos. La clave de todo esto está en tratar de mantener un camino de vida, en lugar de querer aumentarlo cada día y hasta llegar al endeudamiento.

Ahorrar es la palabra clave para cualquier transformación financiera, no importa cuánto se ahorre, lo importante es que lo hagamos y que logremos crear un hábito con ello. Para comenzar con buen pie podemos trazarnos una meta e irla cambiando a medida que la estemos superando.

Además de destinar parte de nuestro dinero a ahorrar, también debemos establecer cuáles gastos mensuales podemos disminuir. En este punto evaluaremos facturas, créditos, salidas a comer, irse de fiesta, transporte, entre otras.

Adquiera conocimientos

El hecho de saber y de conocer ya te concede poder y libertad financiera, para adquirir conocimientos no solo será necesario invertir dinero si no también tiempo.

Como es común ni en la universidad, ni en el colegio te enseñan a manejar tus finanzas personales, pero eres tu la persona que debe de conocer a la perfección sus hábitos financieros.

Empezar por comprarte libros, leer algunos artículos de internet, armar resúmenes, es solo el inicio. La principal fuente de donde podrías obtener conocimientos sería de manera empírica, es decir poniendo a prueba todo lo ya aprendido, sí, aunque parezca un poco raro, tú mismo podrías ser tu propio "profesor". Recuerda que el tema de inteligencia financiera depende mucho de conocer tu propio entorno financiero y las decisiones que puedas tomar son las que te darán diferentes resultados.

Otra de las maneras de adquirir conocimientos es escuchar y aprender de gente que llegó al "éxito" y lo pongo entre comillas porque no necesariamente lo que es éxito para ellos es éxito para nosotros. Conferencias en las cuales ellos nos cuentan experiencias personales, cuentan sobre sus errores y aciertos en sus decisiones, sería de gran valor y ayuda para nosotros estar preparados ante alguna de estas situaciones, que nos pueda deparar nuestra vida financiera.

Rastrea cada centavo gastado

Este es el paso que de alguna manera tiene el mayor impacto. La mejor manera de tomar conciencia de cómo el dinero realmente va y viene en la vida de uno, en lugar de cómo uno piensa que va y viene, es hacer un seguimiento de cada centavo que entra o sale de la vida. No importa cómo se realice el seguimiento, lo más importante es hacerlo. Se puede usar una libreta de efectivo cualquiera que sea el método elegido se debe seguir. El seguimiento debe hacerse un hábito. Los números no deben ser falsificados y el registro de las transacciones debe hacerse lo antes posible. Sobre todo, el individuo no debe juzgarse a sí mismo ya que el seguimiento del gasto es un ejercicio de recopilación de datos; no es el momento apropiado para cambiar los hábitos

Inversión

Siempre es recomendable tratar de invertir en algo, tratar de buscar la forma de rentabilizar dinero más allá de ponerlo en un plazo fijo en un banco que por cierto nos paga una tasa de intereses súper bajo, con respecto a lo que ellos cobran.

Invertir es arriesgar, estos dos términos van de la mano y siempre hay que tener en cuenta que al invertir tendrás si o si un chance de perder, en todo caso la mejor manera sería disminuir en lo más que se pueda el riesgo y tener siempre en claro que depende mucho de la decisión que tomes, es que tu inversión será positiva o negativa.

De otro lado, las oportunidades financieras están abiertas; se debe analizar la mejor decisión al momento de invertir, pero, evaluar el riesgo puede ser una forma de reducir la pérdida de dinero en alguna inversión. Las crisis financieras no solo se presentan en los hogares, el mundo también ha vivido diferentes momentos, en los cuales el impacto financiero, para algunos países, ha sido crítico y de alto impacto, llevando a todo el sistema productivo, económico, social y financiero a un colapso; no obstante, lo anterior permite identificar lo sucedido y tomar acciones, en áreas de mejorar esas condiciones adversas, tanto en los países como en los hogares y el individuo.

Gana dinero extra

Se pueden cumplir muchos objetivos financieros reduciendo el gasto y utilizando las herramientas adecuadas. Pero nada sobrealimenta el progreso personal como un aumento en los ingresos. Se puede ganar dinero extra al hacer lo siguiente:

- Solicitar un aumento a través de la ambición y el ingenio, esto podría ser antes o después de ser contratado.
- Cambio de empleadores. Esto se debe a que no todos los empleadores son capaces o están dispuestos a ofrecer aumentos, incluso cuando se merecen. Uno puede considerar encontrar un nuevo empleador si este es el caso.
- Tomar un segundo trabajo. Muchas personas encuentran que la mejor manera de salir de un agujero financiero es tomar temporalmente un segundo trabajo. Nadie quiere trabajar más de 40 horas por semana, pero a veces eso es lo que se necesita para salir de la deuda o ahorrar para una casa. Sin embargo, esto debe hacerse por un corto tiempo.
- Uso de pasatiempos personales. Es posible tener pasatiempos para ganar dinero. Muchas personas usan pasatiempos productivos para ganar un poco de ingresos adicionales, aunque no se enriquezcan al hacerlo.
- Voluntariado para la investigación médica.

- Vender cosas. Uno puede vender cosas que ya no son necesarias o deseadas a través de eBay, Craigslist, ventas de garaje y el mercado de Amazon. Empresas comerciales como Avenues to Wealth también ofrece fantásticas oportunidades de distribución y venta para los miembros. El dinero ganado impulsará cualquier esquema de reducción de deuda.
- La búsqueda de emprendimiento es otra forma efectiva de aumentar los ingresos. La organización de la avenida a la riqueza también es una gran herramienta de apalancamiento a este respecto

Ser libre financieramente

El ser libre financieramente es la meta de todas las personas, pero esto no solo tiene que ver con ganar mucho dinero, en todo el mundo ha ocurrido que personas que tienen millones de dólares, de un momento a otro lo pierden todo.

Ser financieramente libre significa rediseñar tus hábitos financieros, este proceso puede tomar una gran cantidad de años o hasta quizás su vida entera. El hecho de ganar dinero no siempre resuelve los problemas financieros, la verdadera forma de resolver los problemas es cómo manejamos nuestro dinero.

Una de las principales claves del éxito financiero como ya lo habíamos mencionado anteriormente, es el ahorro, estamos constantemente tentados a comprar nuevos productos, el celular más moderno, el último video juego, estar siempre a la moda, pero no nos damos cuenta muchas veces que teniendo paciencia y siendo muy inteligentes podríamos mejorar nuestra situación financiera.

Tener alternativas financieras es parte importante en la búsqueda de la libertad financiera, recuerde que la construcción de riquezas, puede ser un camino muy lento, pero puede llegar en el momento más oportuno o necesario.

Enfócate en tu retiro

Uno de los hábitos financieros más importantes de todos es saber hoy qué quieres para mañana. Si hoy en día tienes problemas financieros y estás en una etapa productiva y laboral en tu vida. ¿Qué vas a hacer cuando ya no trabajes y dejes de recibir dinero?

Muy pocas personas planifican realmente cómo se van a retirar y cómo van a vivir el resto de su vida. Muchos creen que el Estado se encargará de ellos, pero puede que pase todo lo contrario.

Percepción de inseguridad y estrés financiero

El estrés financiero ocurre por la falta de un uso equilibrado de la inteligencia contextual, debido a que el sujeto no logra adaptarse a los cambios del entorno económico en el cual vive ni afrontar de manera correcta los requerimientos de la sociedad, para obtener bienestar financiero. Este estrés impone una carga al sujeto y afecta la percepción y seguridad de las demás actividades vitales del mismo, además, influye en la inseguridad creciente del sistema, afecta las posibilidades de equidad, en un mundo en el cual el dominio del poder económico es creciente y limita las posibilidades de desarrollar las competencias para la educación financiera.

Se puede desprender de esto que las personas, al recibir su dinero por un trabajo o labor ejecutada, realizan un balance entre el activo y el pasivo , y al momento de establecer esa relación y percibir que sus gastos son superiores, genera una insatisfacción financiera, una percepción de saber que trabaja para cubrir únicamente sus deudas y que no le alcanza para otras situaciones que realmente son necesarias para subsistir; así las cosas, uno empieza a sufrir de un estrés financiero, lo cual conlleva a conductas de insatisfacción personal, con él mismo y su entorno, juzgando su actuar, y pensando en qué otras actividades puede crear para equilibrar su vida financiera.

Por consiguiente, la percepción de insatisfacción financiera también puede desencadenar en otros escenarios, como enfermedades de tipo muscular, cerebrales y cardiológicos, donde la afectación puede ser parcial o total; así mismo, los efectos jurídicos y legales, los cuales se presentan por incumplimientos o pérdida de las inversiones, se contemplan como otro factor de estrés y preocupación al momento de invertir. Teniendo en cuenta lo anterior, el riesgo en una inversión, de cualquier tipo, existe; lo único real es minimizar el riesgo, en tanto, evitarlo será imposible.

Aprende el arte del gasto consciente

El gasto consciente se trata de la frugalidad y la evaluación de cada compra. Ser frugal no significa privación personal. Más bien significa elegir gastar en las cosas que son importantes para uno mientras recorta sin piedad las cosas que no lo son. El gasto consciente implica elegir activamente no gastar en reflejos o hacer compras impulsivas como lo hacen la mayoría de las personas. El gasto consciente no es restrictivo; es bastante liberador. Tendrá un poderoso efecto positivo sobre cómo se realizan los gastos y el ahorro. Aprender a practicar el gasto consciente es una forma segura de mejorar la calidad de vida. El verdadero secreto de la libertad financiera es gastar menos de lo que se gana, sin importar el tamaño de la ganancia.

Capítulo 3: Errores que pueden impedir tu crecimiento financiero

Así como ya hablamos acerca de las claves para mejorar nuestra inteligencia financiera ahora veremos tres errores comunes que suelen cometerse y que algunas veces truncan nuestra planificación y crecimiento financiero.

Tercerizar nuestros problemas

Si nosotros somos los dueños de un negocio y tenemos gente que trabaja para nosotros, no es bueno que dejemos el 100% de la solución de problemas a nuestro personal, el no estar involucrado en los problemas del día a día de la empresa, nos puede perjudicar.

Tener a una persona que maneje nuestro dinero, nos impide aprender y mejorar nuestras propias finanzas y esto hace que nuestro riesgo aumente.

No hacer frente a nuestros problemas

No hacer frente a nuestros problemas financieros es más común de lo que ustedes creen, en la actualidad la mayoría de personas tienen un contador que maneja su dinero, un abogado que ve tus propiedades, una secretaria que ve tus horarios, etc. Si eres parte de este grupo de personas debes saber que no estas optimizando tu potencial es decir esquivas la posibilidad de mejorar tu inteligencia financiera.

No se trata del hecho de que no hagan lo que su trabajo les pide o que este mal, sino que, así como solucionan los problemas en su trabajo o de otras personas, ustedes también tengan la facilidad para resolver sus propios problemas.

El ver estos problemas como una oportunidad para ser mas inteligentes es un gran paso para mejorar nuestra inteligencia financiera y encontrar un punto medio entre lo que hacemos para otras personas y lo que hago para mí en mi vida.

Estos errores son comunes pero muy fáciles de detectar, para lo cual se necesitará de algunos consejos que puedan ayudar en una buena toma de decisiones y para poder mejorar nuestra inteligencia financiera.

Invertir todo nuestro dinero

Otro de los errores frecuentes se basa en invertir todos nuestros ahorros en una primera etapa de nuestro negocio. Cuando tenemos una idea y decidimos llevarla a cabo debemos llevarla por etapas y buscar el momento justo para invertir. Si no tenemos en cuenta esto podemos carecer de fondos a la hora de desarrollar alguna de las etapas posteriores de nuestro negocio, lo que significa que habremos perdido el tiempo y lo que es más importante, nuestros ahorros.

Capítulo 4: Consejos para mejorar nuestra inteligencia financiera

- Aprende a ser equilibrado: Debes tener muy claro cuánto suma el total de tus ingresos y el total de tus gastos, que tus gastos nunca superen lo que produces.

- También tienes que tener en cuenta, qué es un activo y un pasivo. Los ricos acumulan solo activos para tener una libertad financiera.

- Realiza un presupuesto en el que puedan visualizarse claramente:

  o Ingresos: Debes crear una lista donde tienes que anotar todo el dinero que obtienes al mes, para establecer la cantidad de dinero que recibes al mes.

  o Ahorros e inversiones: En otra lista escribes las salidas de dinero que sean para los ahorros o inversiones. Este paso ayuda a mantener el hábito del ahorro.

  o Pagos y deudas: En otra, vas a escribir la salida de dinero donde corresponde a las deudas, como por ejemplo las tarjetas de crédito, hipotecas, entre otros. Un grave error que sucede a menudo, es hacer un presupuesto donde solamente son tus gastos fijos del mes y que olvides los gastos que suceden con menor continuidad.

- Estudia y observa el problema financiero que te está sucediendo en ese momento: Esto no quiere decir que tienes que estudiar los problemas que están sucediendo en tu país, de lo que trata es de examinar y determinar tu propia situación económica. Puede que un amigo esté pasando por un problema fuerte y comiences a buscar algunas opciones que le ayuden un poco.

- No dejes de aprender todos los días: Hay muchas maneras de recibir entrenamientos financieros para la mejora de tu vida empresarial y/o personal, tanto así, que te dan material o de documentos como, investigaciones de diferentes temas que te ayudan a enriquecer tu inteligencia financiera.

- Control de Gastos Innecesarios: Conocer nuestros gastos personales es fundamental para tener un control total de las finanzas, saber cuánto dinero entra (¿de dónde viene? y cuánto dinero sale (gastos básicos como: renta, servicios, televisión por cable, internet, comida, entre otros) es el primer paso para mejorar la economía personal.

¿Cómo podemos llevar este control?

Podemos empezar por elaborar una tabla cada mes en la cual se escriba el dinero que se gasta en el día a día, gastos vs el dinero que nos entra, luego al finalizar el mes, contabilizamos estos datos y hacemos un análisis profundo a los resultados.

Capítulo 5: ¿Por qué desarrollar tu inteligencia financiera?

Si en esta sección usted ya está pensando en algunas estrategias para dejar de trabajar y poder generar más dinero, entonces está entendiendo por qué es importante desarrollar su inteligencia financiera.

Esto, como ya se dijo, no es algo que te enseñan en el colegio o en la universidad; digamos que es una asignación que te toca investigar, aprender y realizar por sus propios medios, y para esto usted deberá apoyarse en la lectura en torno al tema, así como en cursos, artículos especializados, expertos, talleres, maestrías en finanzas y en todo aquel material que te deje un valor agregado importante.

Solo así estarás capacitado para dejar que el dinero juegue a tu favor y no en tu contra, pues de eso se trata básicamente la inteligencia financiera.

La educación financiera hace una buena parte en las nuevas perspectivas sobre la inteligencia, su descripción, desarrollo y evolución, como de las necesidades comunitarias en un mundo globalizado.

El diagnóstico de la educación financiera permitirá determinar el grado de desarrollo de una persona y de una sociedad, y las posibilidades que la misma tiene para que usted pueda lograr adaptarse al actual movimiento económico mundial, y, de esta manera poder contrarrestar las posibles fallas o problemas que puedan traer consigo el desconocimiento de las exigencias financieras y la deficiente capacitación a la cual estamos expuestos.

La educación financiera está ligada a la calidad de la educación y al contexto en que está desarrollada; es decir, influyen aspectos como la cultura, la sociedad y la educación, que la persona recibe desde joven, para poder así tener una idea de lo que es realizar un diagnóstico financiero, con el fin de ejecutar determinadas inversiones en los diferentes sectores económicos que ofrece el mercado.

Por otro lado, la educación financiera debe ser considerara por los países y el sistema educativo de cada país, iniciando desde básica, como una manera de crear en los individuos estrategias de cultura de inversión desde temprana edad; esto llevará a que los indicadores de calidad de vida, economía y sociedad mejoren, y se pueda identificar que el efecto del ahorro sí tiene un impacto positivo en toda la sociedad y sus diferentes escenarios

Ventajas de la Inteligencia Financiera.

Lograr desarrollar nuestra inteligencia financiera, trae un sinfín de beneficios a nuestros planes económicos, la mejor parte de esto, es que nunca dejamos de crecer y cada día podemos ir aprendiendo cosas nuevas, sin embargo, una vez que hayamos logrado:

- o Tener egresos menores a los ingresos.
- o Buscar nuevas fuentes de ingresos.
- o Optimizar y rentabilizar nuestro capital.
- o Aprender a invertir y crear negocios.
- o Planificar un futuro financiero.

Podemos decir que estamos listos para seguir aprendiendo y añadiendo ventajas a nuestra lista, todos estos elementos componen y ayudan a tener más inteligencia financiera.

Para aprender a tener inteligencia financiera, se necesita análisis, experiencia, capacitación y aprendizaje, esto no es algo que se pueda estudiar en la universidad, ni siquiera lo enseñan como materia, es algo que debemos ir viendo por nosotros mismos, bien sea tarde o temprano.

Una persona que posee una inteligencia financiera está siempre pensando en aumentar sus ingresos y disminuir gastos innecesarios. No se trata de ser conformista, vivir mal o de convertirse en un tacaño, se trata de encontrar el equilibrio perfecto entre lo que se gasta, lo que se gana y el dinero adicional que se puede obtener.

Dedicarse al desarrollo de la inteligencia financiera nos va ayudar a alcanzar todos los objetivos que nos hayamos propuesto y aunque sea una verdad incómoda, debemos estar conscientes de que si deseamos libertad financiera y seguimos pensando en trabajar duro toda nuestra vida y ser siempre un empleado, entonces estamos más lejos de lo que creíamos. Tener inteligencia financiera nos permitirá encontrar oportunidades donde más nos guste, pero sobretodo: nos ayudará a emprender un proyecto exitoso.

¿Qué pasa si no desarrollo mi inteligencia financiera?

Como ya te mencioné al inicio de este artículo, la mayoría de la gente pierde dinero. Si no tienes inteligencia financiera te será difícil recuperar esas pérdidas y generar abundancia. Asimismo, es importante mencionar que usted pasará toda su vida esclavizado en un solo empleo, pero ojo, los fondos para el retiro no están funcionando, lo que quiere decir que el esclavizarte como empleado difícilmente te dará el nivel de vida que deseas al jubilarte.

Lograr tus sueños es mucho más fácil cuando tienes recursos económicos: la casa que deseas, las vacaciones que añoras, la relación que anhelas, etc. Otra de las ventajas que tienes es que, entre mayor sea tu inteligencia financiera mejores decisiones tomas, dado que tendrás acceso a más oportunidades, las cuales no podrás ver de seguir con tus mismas creencias acerca del dinero.

La necesidad de inteligencia financiera

Hay una transición global de la era industrial a la era de la información. Incluso si uno tiene mucho dinero y si no se sabe qué hacer con él, se habrá ido. La inteligencia financiera es obligatoria para la supervivencia en la vida porque los gastos siempre aumentarán para alcanzar los ingresos y el salario nunca será suficiente. La inteligencia financiera permite el desarrollo de habilidades críticas del siglo XXI, tales como:

○ Pensamiento crítico y resolución de problemas.

- Colaboración entre redes y liderazgo por influencia.
- Agilidad y adaptabilidad.
- Iniciativa y emprendurismo.
- Oral efectivo y Comunicación escrita.
- Acceso y análisis de información.
- Curiosidad e imaginación.

El secreto de una vida entusiasta, optimista y exitosa es perseguir un sueño y la inteligencia financiera permite alcanzar sueños y objetivos imaginados. La inteligencia financiera permite el conocimiento del hecho de que la respuesta a la oración no está de acuerdo con la fe de un hombre mientras habla, sino de acuerdo con la fe de un hombre mientras trabaja. Le enseña a uno cómo ganar más dinero, cómo protegerlo, cómo presupuestarlo, cómo aprovecharlo y mejorar su información financiera, el hecho de que incluso las casas no se consideran activos hasta que se pagan por completo. La inteligencia financiera revela la conspiración de los ricos contra el sistema educativo social y la libertad financiera. También le enseña a un individuo cómo lograr la independencia financiera utilizando su trabajo o negocio como plataforma de lanzamiento. El conocimiento obtenido de los cursos de inteligencia financiera brinda el estímulo para soñar y la confianza para actuar. Será maravilloso si los niños tienen este conocimiento temprano en la vida.

Capítulo 6: Competencias para la toma de decisiones financieras

Las competencias en este sentido pueden adquirirse con el aprendizaje, pero el proceso de adquisición inicial tiene qué ver con el desarrollo del sujeto, la comunidad en la que se está desarrollando y su adaptabilidad con el entorno. Aun así, entendiendo que con lo ya explicado anteriormente la idea de que la inteligencia no es un concepto estático ni que puede aplicarse de manera homogénea, siempre está latente la posibilidad de adquirir conciencia sobre las necesidades financieras propias y del entorno, y de desarrollar competencias para afrontar, de manera equilibrada, tanto las finanzas personales como la relación con el sistema económico del entorno.

Analizamos después de lo antes visto que la toma de decisiones financieras se expresa desde la empresa, la sociedad y la familia; prepararse para poder lograr un equilibrio al momento de tomar decisiones financieras es fundamental en una sociedad; no solo es el gasto, el ahorro es importante para poder tener posibilidades de un mejor futuro.

Así mismo, se destaca que la educación financiera debe estar soportada en decisiones financieras fundamentadas, según necesidades de cada persona; es claro que cada uno de nosotros tiene una forma de pensar al momento de invertir su dinero, es por eso que aparecen diferentes tipos de inversionistas que, según la clasificación y tipo de inversión, tienen aspiraciones y pretenden recibir algo diferente a cambio, y considerar la mejor opción que exista en el mercado; las personas son prudentes y su riesgo casi siempre es moderado, esto es algo común dentro de la cultura colombiana, que quiere invertir poco pero ganar alta rentabilidad.

Capítulo 7: Beneficios de la inteligencia financiera en el ámbito laboral

El beneficio de la inteligencia financiera está descrito de la siguiente forma: si todos entienden lo que significan los números y los objetivos generales de una empresa entonces actuarán de una manera que mejorará la situación financiera de dicha empresa. Asimismo, cuando se trata de tecnología, si todos pueden usar los datos de rendimiento financiero de manera eficiente, el camino para mejorar la situación financiera y tomar mejores decisiones comerciales es claro.

Actualmente en un mundo centrado en el cliente, muchos propietarios y gerentes de empresas son bombardeados con "sobrecarga de información" y buscan urgentemente formas de obtener un mayor control, comprensión e inteligencia de los datos de su organización.

Una de las mejores soluciones para este problema creciente es adoptar una estrategia de Inteligencia financiera, pero en realidad muchas empresas han tardado en hacerlo, debido a la falta de conocimiento de lo que implica exactamente, dónde comenzar y como cuánto tiempo llevará ver algún beneficio. La verdad es que la inteligencia financiera debería ser una parte integral de su operación.

El analista de tecnología Gartner describe Inteligencia financiera como "las aplicaciones, la infraestructura y las herramientas, y las mejores prácticas que permiten el acceso y el análisis de la información para mejorar y optimizar las decisiones y el rendimiento".

Entonces, en términos prácticos, ¿cómo podría la inteligencia financiera brindar beneficios a una empresa?

Toma de decisiones inteligentes

Como gerente comercial o propietario, es vital tener un control firme de lo que le dicen los datos de su organización. Como todos sabemos, la información no necesariamente equivale a la inteligencia. Este es especialmente el caso si esa información se "agrupa" en partes dispares de su negocio.

El objetivo primordial de una iniciativa de inteligencia financiera es convertir la información de su empresa en información estructurada y analizable; en otras palabras, inteligencia empresarial real que pueda informar la toma de decisiones estratégicas en toda la empresa. Según las propias experiencias de nuestros clientes, está claro que tener una inteligencia actualizada basada en datos a su alcance no solo conduce a mejores decisiones comerciales, sino que en última instancia contribuirá a un rendimiento financiero superior.

La columna vertebral técnica para la toma inteligente de decisiones es un repositorio único y centralizado que reúne datos sobre todas sus actividades comerciales e interacciones con los clientes. Las soluciones de gestión de relaciones con el cliente (CRM) suelen desempeñar un papel invaluable aquí. Un CRM bien implementado actúa como el puente entre los equipos y le permitirá ejecutar informes que brinden una variedad de métricas comerciales clave: productividad, rendimiento del personal, preferencias de productos, ciclos de ventas, comportamiento del cliente, clientes principales, ingresos y tendencias del mercado. Todo listo para el análisis por parte del equipo directivo, entonces es posible identificar rápidamente los puntos críticos de rendimiento y marcar dónde se pueden emular los procesos en otras partes del negocio, o dónde se deben hacer ajustes. Cualquier decisión resultante se basará en hechos concretos en lugar de suposiciones o suposiciones.

Romper los objetivos de ventas y marketing

La inteligencia financiera ofrecerá un análisis en profundidad para impulsar las ventas, aumentar el rendimiento de su función de marketing y, lo que es más importante, sacudir la forma en que ambos equipos trabajan juntos.

Tomemos las ventas primero. Brindar a sus vendedores herramientas que puedan medir su actividad e identificar tendencias en el comportamiento del cliente es fundamental para que puedan cronometrar sus enfoques de manera más estratégica y explotar todas las oportunidades de ventas cruzadas o up-selling.

Esto es exactamente lo que uno de nuestros clientes en el sector de servicios financieros, ha logrado, la compañía ha creado paneles de indicadores a medida que incluyen oportunidades de ventas por etapa, para dar una representación visual de sus perspectivas frías, cálidas y calientes. Uno de sus gerentes de relaciones, ofrece un poderoso testimonio de la forma en que esto dio un tiro inmediato en el brazo a las ventas. Es una herramienta tremenda que ha aportado información a todo el proceso. La mayor diferencia es la visión detallada de nuestra cartera de ventas que ha mejorado la previsión, la programación del trabajo y el análisis de procesos.

Cuando se trata de marketing, su equipo se beneficiará enormemente de la inteligencia financiera a través de una mejor visibilidad de la información de ventas, que se puede utilizar para ajustar y dirigir sus campañas de marketing. Pueden usar técnicas para rastrear y medir cada campaña y usar la información obtenida para garantizar que las futuras iniciativas de marketing sean lo más rentables y efectivas posible.

Curiosamente, se mencionó específicamente que logran ganancias colaborativas significativas al vincular las ventas y el marketing con la misma plataforma inteligente, un tema muy importante dada la dinámica en rápida evolución entre las dos funciones.

Profundice su conocimiento del cliente.

Una de las razones principales detrás de la creciente demanda de herramientas que brindan la inteligencia financiera es que nunca ha sido más importante comprender cómo sus clientes interactúan y la mejor manera de llegar a ellos, o, más exactamente, alentarlos a que lo contacten. Sin este conocimiento, es probable que te encuentres detrás de tus competidores.

La realidad que enfrentan los dueños de negocios hoy en día es que las personas son cada vez menos receptivas a la venta. El viaje típico desde el interés inicial hasta el punto de compra, que actualmente ayuda a las empresas a evaluar en detalle el programa de 15 formas de sobrealimentar su negocio. El énfasis hoy en día está en el compromiso más que en la promoción; atraer clientes potenciales a usted en lugar de confiar en técnicas obsoletas y salientes basadas en la venta dura.

Hemos hablado sobre reunir datos de varios departamentos; pero es importante resaltar la importancia de implementar la plataforma elegida lo más ampliamente posible: en ventas, marketing, servicio al cliente, operaciones, desarrollo de productos y finanzas. Este es el trampolín para crear la "versión única de la verdad": perfiles holísticos de clientes basados en cada interacción con usted a lo largo de su viaje, independientemente del canal de comunicación. Esta es una verdadera inteligencia financiera, que ofrece información detallada sobre el comportamiento y las tendencias del comprador y le permite perfeccionar sus estrategias de ventas, marketing y crecimiento empresarial en consecuencia.

Brinde una excelente experiencia al cliente

Esto proporciona la base para una mejor respuesta de servicio, así como también permite que su negocio detecte cuándo un cliente potencial o cliente podría estar en modo de compra y administre cualquier punto de peligro en el que una falla en el servicio al cliente corra el riesgo de socavar.

El seguimiento actualizado de la interacción permite a la empresa mejorar sustancialmente el compromiso, el soporte y la experiencia de nuestros clientes.

Con su nueva visión del cliente en su lugar, también puede llevar a cabo un trabajo de segmentación para identificar el perfil típico de sus clientes más rentables, ayudándole a verificar que los recursos se están aplicando adecuadamente y que está atrayendo el tipo correcto de prospectos para satisfacer el crecimiento de su negocio objetivo.

Potencia la productividad

Inteligencia financiera tiene el potencial de liberar cuellos de botella de ineficiencia, refinar los procesos comerciales existentes, automatizar tareas rutinarias y aportar nuevos niveles de organización y priorización al trabajo de todos. Las ganancias en eficiencia y productividad pueden ser considerables, incluyendo un servicio al cliente más receptivo, un mejor uso del tiempo de los vendedores y una medición más cercana de los ciclos de desarrollo de productos y campañas de marketing. El elemento de eficiencia también es evidente en un nivel superior gracias a los informes y paneles de control automatizados.

La centralización de los datos, en sí misma, y hacer que esos datos sean accesibles en cualquier dispositivo a través de la nube, reduce el tiempo de administración de todos.

Precisión y cumplimiento de los datos.

Un artículo reciente identificó algunos de los elementos más complejos de la implementación de inteligencia financiera, que es como descubrir con precisión dónde residen sus datos, decidir qué es importante y quién debe tener acceso. Sin abordar esos problemas, el negocio está en riesgo debido a una mala toma de decisiones basada en datos inexactos y de regulaciones de cumplimiento de datos cada vez más estrictas.

Por lo tanto, no solo mantener los datos en silos separados hace que sea casi imposible lograr una visión de 360 grados de sus clientes, sino que pone en peligro la cuestión muy práctica de la precisión y la coherencia de los datos, lo que tendrá un impacto negativo en todas las áreas de su negocio. De hecho, es vital abordar la integridad subyacente de sus datos en cualquier proyecto de inteligencia financiera, pero también vemos una mejor gobernanza de datos como un fuerte factor de motivación detrás de tales inversiones.

Por ejemplo, la centralización de datos ayuda a mejorar la transparencia y exponer imprecisiones y brechas que conducirán a un gasto de marketing desperdiciado, sin mencionar el daño potencial de la marca causado por el envío de comunicaciones insensibles o erróneas.

Además, en todo el mundo las regulaciones de protección de datos están ajustando gradualmente las reglas sobre la captura, el almacenamiento y el uso de datos personales. Las nuevas leyes incluyen algunos requisitos para mantener los datos exactos y actualizados, para demostrar los motivos y poder así procesar los datos y formular una política de privacidad clara para mejorar la transparencia. Si su empresa tiene registros mal administrados, es muy poco probable que esté en condiciones de cumplir con estos requisitos y se arriesgue a no cumplir con el regulador ni con sus clientes.

Acelerar el retorno de la inversión

La culminación de lograr todos los puntos anteriores debería ser una gran mejora en su retorno de la inversión en toda la empresa, desde la gestión de la eficiencia del día a día, las métricas de conversión de acuerdos de ventas y la experiencia del cliente, hasta el análisis, el modelado y la elaboración. Estrategias de crecimiento futuro. Sin el conocimiento y las disciplinas correctas, es fácil recurrir a las viejas formas de hacer las cosas, a las hipótesis y preconceptos, especialmente sobre el comportamiento y las preferencias de los clientes, y eso podría poner a su empresa en el camino completamente equivocado.

En la economía actual, las organizaciones lo están haciendo más con menos. Exigen más productividad de cada empleado y buscan todas las medidas posibles para mejorar el resultado final. Y esperan que sus empleados supervisen e impulsen este proceso ellos mismos.

La mayoría de los profesionales de negocios ofrecen habilidades especiales a sus empleadores, y la mayoría de estas habilidades no están relacionadas con la contabilidad y las finanzas. Sin embargo, es necesario un conocimiento básico de los estados financieros y los cálculos para tomar decisiones acertadas sobre todos los aspectos de un negocio.

Los estados financieros y los instrumentos nos muestran información de mucha importancia acerca de la salud financiera de una organización al resaltar las áreas donde la organización funciona bien y las áreas donde hay oportunidades de mejora. Después de saber cómo leer e interpretar algunos de estos instrumentos financieros usted podrá obtener muchas oportunidades para aumentar los ingresos y reducir los gastos, aumentando así su valor para la organización.

Al mejorar su conocimiento financiero, se empoderará de muchas maneras. Sabrá cómo justificar las solicitudes y traducir el rendimiento en términos financieros. Podrá cuantificar la contribución de su departamento a la organización, y la suya. Se comunicará de manera más efectiva con su jefe, la alta gerencia, los accionistas y otras partes interesadas sobre los resultados financieros que ha logrado y aquellos que planea entregar.

Por lo que será capaz de:

- Identificar las ventajas de analizar información financiera.
- Comprender el propósito y los beneficios de los presupuestos.
- Diferenciar entre varios instrumentos financieros.
- Realizar análisis horizontales y verticales utilizando la información financiera de su organización.
- Reconocer qué proporciones son más importantes para su organización.

Capítulo 8: ¿Cómo promover su inteligencia financiera?

Cuando se trata de administrar dinero, la mayoría de nosotros cree que sabemos más de lo que realmente sabemos. Creemos tener una imagen exagerada de nuestras habilidades financieras y de gestión del dinero y tendemos a minimizar la necesidad de mejorar nuestra inteligencia financiera.

Lo anterior explica por qué la mayoría de los dueños de negocios se enfocan en otros aspectos de su negocio mientras descuidan la tarea de rastrear cuidadosamente sus finanzas personales y comerciales y al final, sus negocios generalmente pagan el precio. Hay dos formas comunes en que los dueños de negocios caen en esta trampa:

- Se niegan a rastrear sus ingresos y gastos al permitir que los recibos se acumulen (o se pierdan) al no ingresar a un sistema de contabilidad
- Hacen un trabajo decente al actualizar sus registros de ingresos y gastos, pero no usan los números para hacer las preguntas necesarias sobre su situación financiera personal y la situación financiera de su negocio.

Su capacidad para hacer estas preguntas, proporcionar respuestas y realizar cambios tácticos cuando sea necesario determina su nivel de coeficiente intelectual financiero.

Si no cuenta con conocimientos acerca de la gestión financiera personal y comercial, especialmente en el aspecto que tiene que ver con los números, puede tener un coeficiente intelectual financiero bajo. Pero no se encuentra solo. Hay muchas otras personas como usted que no cuentan con muchas habilidades de gestión financiera. Consideran la gestión financiera con ansiedad, miedo o alguna combinación de lo anterior. Presentan la excusa de que están demasiado ocupados con su negocio para rastrear sus ingresos y gastos o analizar cifras.

Si su objetivo es un año próspero, hay más de una forma de llegar allí. Podría aumentar o invertir en una cuenta de jubilación individual. Puede pagar deudas de alto interés, construir su fondo de emergencia y ahorrar para un objetivo específico. Incluso hay algunas cosas que puede marcar en su lista de verificación financiera en cinco minutos o menos.

Aun así, cambiar su mentalidad también es importante si desea generar riqueza. Si nunca aprende más sobre el dinero, ¿cómo puede hacer cambios duraderos o evitar errores pasados? Si está buscando aumentar su inteligencia financiera, aquí hay siete hábitos para aprender en el nuevo año.

Leer sobre finanzas personales.

Hay muchos libros que pueden ayudarlo a pensar en el dinero de una manera nueva. Elija uno (o dos) en temas financieros que se alineen con sus objetivos, ya sean presupuestos, pagos de deudas o inversiones.

Rastrea tu patrimonio neto.

Si te enfocas solo en cuánto ganas, es fácil pensar que te estás haciendo más rico cuando realmente no lo eres. Traer más dinero que el año pasado, incluso seis cifras más, no lo ayudará a aumentar su riqueza si lo gasta todo. Pero darle seguimiento de su patrimonio neto, un término utilizado para describir sus activos menos sus pasivos, pone sus ingresos en perspectiva, le ayuda a ver cómo cambian sus pasivos con el tiempo y cuánto dinero realmente está depositando. Puede realizar un seguimiento de su patrimonio neto manualmente, pero también hay aplicaciones de inversión que pueden hacerlo por usted.

Rastree sus gastos.

¿Listo para tener un verdadero despertar financiero? Controle sus gastos por un tiempo. Este hábito requiere un poco de trabajo, pero le muestra a dónde va su dinero. Ya sea que elija anotar sus compras, usar extractos bancarios y de tarjetas de crédito o software especial, no tendrá dónde esconderse una vez que vea cuánto gasta realmente en comida, entretenimiento y extras cada mes.

Reunirse con un asesor financiero y / o un planificador de impuestos.

A medida que su situación financiera se vuelve más compleja, reunirse con un planificador financiero de honorarios que se especializa en maximizar las inversiones puede hacerle conocer algún consejo o estrategia con la que no esté familiarizado. Por otro lado, reunirse con un contador o un planificador de impuestos también tiene ventajas, especialmente con todos los próximos cambios de impuestos. Idealmente, querrá pagar la factura de impuestos más pequeña... sin contravenir a la ley. Un planificador de impuestos puede ayudarlo a hacer eso, al tiempo que lo ayuda a minimizar los impuestos en el futuro.

Invierte en sí mismo.

Tal vez desee invertir en un nuevo curso para aprender nuevas habilidades, o tal vez desee una certificación que pueda generar mejores salarios y mejores perspectivas laborales. A veces, la mejor inversión de dinero que cualquiera puede hacer no son bonos o acciones, es desarrollo personal, después de todo, ¿qué mejor herramienta tienes para aumentar tu riqueza?

Red.

Al acercarte y conectarte con las personas cercanas, mantienes el dedo en el pulso de tu industria y haces contactos valiosos. Nunca se sabe cuándo una nueva relación puede conducir a una nueva y emocionante perspectiva laboral, asociación u oportunidad profesional.

Concéntrese en lo que puede controlar

A veces, la vida parece inmanejable e impredecible. Incluso si aprende todo lo que puede sobre el dinero, no puede controlar lo que sucede en el mercado de valores o si el valor de su vivienda baja. Con tanto fuera de nuestras manos, muchas personas se preguntan si hay un punto en tratar de lograr una salud financiera. Pero no se desespere, concentrarse en lo que puede controlar lo deja absolutamente mejor. Por ejemplo, si bien no puede cambiar el flujo y reflujo del mercado de valores, puede controlar cuánto invierte. Y, si no puede controlar si obtiene un aumento en el trabajo, puede controlar cómo gasta su cheque de pago.

Asista a seminarios

Cada año, se organizan miles de seminarios financieros que ofrecen una variedad de consejos útiles sobre cómo aumentar su coeficiente intelectual financiero. Puede encontrar estos seminarios en su banco o sindicato local o en arenas y centros utilizados para celebrar seminarios. Por lo general, estos seminarios cuentan con expertos en administración de finanzas personales y comerciales que le hablan en persona sobre los problemas financieros cotidianos y sus soluciones. Sin embargo, muchos de estos seminarios cuestan una tarifa para asistir, pero el valor de la información que obtendrá de ellos valdrá la pena.

Capítulo 9: Discusión Principal

El desarrollo de este libro de revisión teórica, permitió que se lograra identificar aspectos relacionados con la cultura financiera y la inteligencia financiera. Desde el aporte que se pretende realizar, es necesario considerar los siguientes aspectos: crear estrategias que permitan una mirada a la importancia de la cultura del ahorro, y que las personas y el grupo familiar se acerquen a las lógicas de un ahorro o fondo común, el cual permita establecer aspectos básicos de ingresos y egresos, donde los excedentes logren construir un portafolio de inversión familiar.

En el caso de los excedentes monetarios y considerar inversiones de cualquier tipo, existe una relación directa entre la rentabilidad, el éxito, el fracaso y la incertidumbre, llevando a cabo aspectos de contexto social, económico, político y cultural frente al manejo de esos excedentes financieros, los cuales se pueden lograr en algún momento; así contar con otros ingresos es una alternativa que puede favorecer el ahorro y mejorar condiciones y calidad de vida.

Las categorías emergentes, desde el contexto, logran otorgar un aporte a los constructos propuestos, es decir, a los recursos financieros y a la inteligencia financiera. La capacidad de inversión, el estrés financiero, educación financiera, competencias para la toma de decisiones financieras, capacidad de ingresos y estrés financiero, hacen un compendio para considerar, de forma holística, que la cultura y toma de decisiones, al momento de realizar una inversión, se debe mirar, considerando diversos aspectos, desde la forma en que un individuo piensa en su estructura mental y la capacidad que tiene para realizar inversiones, hasta la adaptación, al momento de asumir una pérdida o cambios en la rentabilidad que se tenía contemplada.

Desde un punto práctico se propone que todas las personas puedan realizar sus inversiones con las diferentes alternativas que existen en el mercado, pero se deben contemplar los riesgos inherentes y relacionados, al momento que se toma la decisión de invertir; los riesgos no se pueden evitar, se pueden minimizar, por medio de inversiones que se consideren seguras. No obstante, lo que se debe dejar a un lado, es optar por aquellas inversiones que suelen pagar altos intereses o rendimientos en un corto plazo, lo cuál puede ser considerado como inseguro, ya que el mercado financiero tiene un comportamiento similar dentro de las tasas de interés de captación.

De igual manera, dentro del análisis realizado, se encontró la relación que se tiene entre el estrés financiero y la toma de decisiones, es decir, la incertidumbre que existe al momento que una persona desea invertir, esperando una rentabilidad apropiada o la pérdida total o parcial del capital invertido. El estrés financiero puede afectar el rendimiento laboral y el comportamiento de la persona en su entorno social.

Conclusiones

En primer lugar, es necesario establecer cómo se generan unos recursos, en este caso de tipo financiero, y se estructura la forma en la que se destinan sus ingresos para diversas actividades de la vida cotidiana. Es recomendable que las personas consideren cómo desde la inteligencia financiera, se pueden manejar recursos, se pueden construir unos ingresos adicionales, a partir de excedentes o ahorros que la persona o el grupo familiar puede realizar.

Dentro de las categorías de análisis expuestas en el desarrollo del libro, se llegó a la consideración de que la educación financiera es un elemento fundamental para poder hacer inversiones de diversas índoles; sumado a que la cultura, la sociedad y la formación académica están ligadas a la manera en que se propone esa educación financiera.

Así mismo, se puede adicionar la toma de decisiones financieras y las competencias que las personas pueden tener para pensar en realizar inversiones, buscar asesorías o proponer qué inversión se realiza, al poner en la balanza aspectos positivos y negativos de una determinada inversión.

Por otro lado, el generar inversiones apropiadas es recibir otros ingresos; es por eso importante el cómo las personas determinan qué excedentes se esperan recibir sobre una determinada inversión; esto se logra con una destinación de recursos y una inteligencia financiera, que permita obtener dinero por un tiempo determinado, conociendo el riesgo en que se puede incurrir; toda inversión siempre tiene un determinado riesgo, sea bajo, moderado o alto. En el desarrollo de la revisión teórica se evidenció que aún faltan investigaciones empíricas, que aporten a la construcción de una cultura financiera y al desarrollo de una educación financiera, y que permitan conocer cuál es el estado actual, proponiendo algún modelo práctico, en aras de que las familias y las personas logren desarrollar una cultura de inversión y consideren que el ahorro a largo plazo tiene aspectos positivos que permiten mejorar la calidad de vida, la estabilidad financiera y el impacto social, avanzando a una sociedad justa y equitativa.

La debilidad de los hogares y los individuos, frente a la cultura financiera, es un reflejo del desarrollo de los países, es por eso que esta revisión teórica permitió identificar como en Colombia aún falta realizar un trabajo eficiente y estructurado de buscar el desarrollo de los individuos, la familia y la sociedad, por medio de la inversión y el ahorro.

Referencias Bibliográficas

Organisation for Economic Co-operation and Development Staff –OECD-. (2005). Economic, environmental and social statistics. Paris, France: OECD.

Cabrera,M.(2017).¿Que es la inteligencia financiera y como utilizarla. Recuperado de https://www.marianocabrera.com/inteligencia-financiera/

Montero,M.(2017).¿Que es el plan financiero?. Recuperado de https://www.emprendepyme.net/que-es-el-plan-financiero.html

Garay, G. (mayo, 2016). Índice de alfabetismo fiaray, G., la cultura y la educación fi G., la
. RevistaPerspectivas,(37),2340.Recuperadodehttp://www.redalyc.org/articulo.oa?id=425946304003

Bray, R. (2002). Hardship in Australia: An analysis of fiof fifina stress indicators in the 1998-99 Australian Bureau of Statistics Household Expenditure

Surevey. Occasional Paper series.Recuperado de https://www.dss.gov.au/about-the-department/publications-articles/research-publications/occasional-paper-series/number-4-hardship-in-australia-an-analysis-of-financial-stress-indicators-in-the-1998-99-australian-bureau-of-statistics-household-expenditure-survez

Cohen, M., McGuinness, E., Sebstad, J. y Stack, k. (2005). Estudios de mercado de la educación fi k. (200. Washington, Estados Unidos: Microfinance opportunities. Recuperadodehttps://oicolombia.com.co/upload/edu_financiera/Conceptos_financieros/Estudio_de_mercado_-_documento_de_trabajo_no_2.pd

Kiyosaki,R.(2015).Incrementa tu IQ financiero.Recuperado de https://books.google.com.pe/books?id=t36GCgAAQBAJ&pg=PT39&dq=inteligencia+financiera&hl=es&sa=X&ved=0ahUKEwiEoebu9aTlAhVNx1kKHYDmAAgQ6wEIXDAJ#v=onepage&q=inteligencia%20financiera&f=false

Nachtigall,P.(2016).Inteligencia Emocional financiera.Recuperado de https://books.google.com.pe/books?id=jj4 pDAAAQBAJ&printsec=frontcover&dq=i nteligencia+financiera&hl=es&sa=X&ved= 0ahUKEwjx17- t9qTlAhVOnlkKHU51DzM4ChDrAQg9M AM#v=onepage&q=inteligencia%20financi era&f=false

Andaluz,L.(2014).Educación Financiera. Recuperado de https://books.google.com.pe/books?id=sM ufBAAAQBAJ&pg=PT6&dq=inteligencia+ financiera&hl=es&sa=X&ved=0ahUKEwjx 17- t9qTlAhVOnlkKHU51DzM4ChDrAQhfM Ag#v=onepage&q=inteligencia%20financie ra&f=false

Libro 2: Inteligencia Financiera:

Guía Para Los Emprendedores

Conviértete en Maestro del Juego del Dinero Para Construir Verdadera Libertad Financiera en Negocios.

Volumen 2

Por

Income Mastery

Capítulo I: ¿Qué es inteligencia financiera?

La inteligencia financiera es la recopilación de información sobre los asuntos financieros de entidades de interés, para comprender su naturaleza y capacidades, y predecir sus intenciones. En general, el término se aplica en el contexto de la aplicación de la ley y actividades relacionadas.

Uno de los principales propósitos de la inteligencia financiera es identificar las transacciones financieras que pueden involucrar evasión de impuestos, lavado de dinero u otra actividad criminal. También puede participar en la identificación de financiamiento de organizaciones criminales y terroristas.

La inteligencia financiera se puede dividir en dos áreas principales, **recolección y análisis**. La recolección normalmente la realiza una agencia gubernamental, conocida como una organización de inteligencia financiera o Unidad de Inteligencia Financiera (UIF). La agencia recopilará información transaccional sin procesar e informes de actividad sospechosa (SAR) generalmente proporcionados por bancos y otras entidades como parte de los requisitos reglamentarios. Los datos pueden compartirse con otros países a través de redes intergubernamentales.

El análisis puede consistir en el escrutinio de un gran volumen de datos transaccionales utilizando técnicas de minería de datos o de comparación de datos para identificar a las personas potencialmente involucradas en una actividad particular. Los SAR también pueden analizarse y vincularse con otros datos para tratar de identificar actividades específicas.

Recolección

La inteligencia financiera implica el escrutinio de un gran volumen de datos transaccionales, generalmente proporcionados por bancos y otras entidades como parte de los requisitos reglamentarios. Alternativamente, se pueden emplear técnicas de minería de datos o de coincidencia de datos para identificar personas potencialmente involucradas en una actividad particular.

Muchos países industrializados tienen requisitos de informes reglamentarios para sus organizaciones financieras.

Es posible que dicha organización obtenga acceso a datos sin procesar en una organización financiera. Desde un punto de vista legal, este tipo de colección puede ser bastante complejo. Por ejemplo, la CIA obtuvo acceso a los flujos de datos de la Sociedad de Telecomunicaciones Financieras Interbancarias Mundiales (SWIFT) a través del Programa de Seguimiento de Finanzas Terroristas, pero esto violó la ley de privacidad belga.

Los requisitos de presentación de informes pueden no afectar los sistemas de transferencia de valor informal (IVTS) cuyo uso puede ser simplemente habitual en una cultura, y los montos que no requerirían presentación de informes en una institución financiera convencional. IVTS también se puede utilizar con fines criminales para evitar la supervisión.

Análisis

Los ejemplos de análisis de inteligencia financiera podrían incluir:

- Identificar inquilinos de viviendas de alto riesgo sobre la base de historiales de alquileres anteriores.
- Detectar a los contribuyentes que intentan evitar sus obligaciones fiduciarias al trasladar la riqueza

subrepticiamente de una jurisdicción de recaudación de impuestos.

- Descubriendo refugios seguros donde los delincuentes estacionan las ganancias del crimen.
- Contabilizar cómo desaparece una gran suma de dinero entregada a un individuo objetivo.
- Verificando si un individuo corrupto ha tenido ganancias inesperadas repentinas e inexplicables.
- Detectar relaciones entre células terroristas a través de remesas.

Organizaciones de inteligencia financiera

Según el Grupo de Unidades de Inteligencia Financiera de Egmont, las organizaciones de inteligencia financiera (UIF) son centros nacionales que recopilan información sobre actividades financieras sospechosas o inusuales de la industria financiera y otras entidades o profesiones requeridas para reportar transacciones sospechosas de ser lavado de dinero o financiamiento del terrorismo. Las UIF normalmente no son agencias de aplicación de la ley; su misión es procesar y analizar la información recibida. Si se encuentra evidencia suficiente de actividad ilegal, el asunto se pasa a la fiscalía.

Las organizaciones gubernamentales pueden simplemente recibir y procesar informes financieros brutos, y enviarlos, según corresponda, a las agencias de inteligencia o de aplicación de la ley, incluido el Grupo Egmont multinacional de Unidades de Inteligencia Financiera y organizaciones nacionales, que incluyen:

- Argentina - Unidad de Inteligencia Financiera
- Australia - Centro de análisis e informes de transacciones australianos (AUSTRAC)
- Brasil - COAF Conselho de Controle de Atividade Financeira
- Canadá - Centro de análisis de transacciones e informes financieros de Canadá (FINTRAC)
- Francia - Tracfin
- Alemania - Zentralstelle für Finanztransaktionsuntersuchungen
- India - Unidad de Inteligencia Financiera (FIU-IND)
- Irlanda - Unidad de inteligencia financiera de Garda (UIF GNECB)

- Reino Unido - Agencia Nacional del Crimen
- Estados Unidos - Red de Ejecución de Delitos Financieros (FinCEN)

Veamos un poco más de la Red de Ejecución de Delitos Financieros (FinCEN)

Es una oficina del Ministerio de Economía de los Estados Unidos que recopila y analiza información sobre transacciones financieras para combatir el lavado de dinero nacional e internacional, el financiamiento del terrorismo y otros delitos financieros.

Misión

El director de FinCEN expresó su misión en noviembre de 2013 como "proteger el sistema financiero del uso ilícito, combatir el lavado de dinero y promover la seguridad nacional". FinCEN sirve como la Unidad de Inteligencia Financiera (UIF) de los EE. UU. Y es una de las 147 UIF que conforman El Grupo Egmont de Unidades de Inteligencia Financiera. El lema autodescrito por FinCEN es "sigue el dinero". El sitio web dice: "El motivo principal de los delincuentes es la ganancia financiera, y dejan huellas financieras mientras intentan lavar el producto de los delitos o intentar gastar sus ganancias obtenidas ilegalmente". Es una red que trae personas e información juntas, coordinando el intercambio de información con las agencias de aplicación de la ley, los reguladores y otros socios en el área de la industria financiera.

Historia

FinCEN fue establecido por orden del secretario del Ministerio de Economía (Orden Ministerio de Economía Numerada 105-08) el 25 de abril de 1990. En mayo de 1994, su misión se amplió para incluir responsabilidades regulatorias, y en octubre de 1994 el precursor del Ministerio de Economía, FinCEN, la Oficina de Cumplimiento Financiero, se fusionó con FinCEN. El 26 de septiembre de 2002, después de la aprobación del Título III de la Ley Patriota, la Orden Ministerio de Economía 180-01, la convirtió en una oficina oficial del Ministerio de Economía. En septiembre de 2012, la tecnología de información de FinCEN llamada FinCEN Portal and Query System migró con 11 años de datos a FinCEN Query, un motor de búsqueda similar a Google. Se trata de una "ventanilla única" accesible a través del Portal FinCEN, lo que permite realizar búsquedas amplias en más campos que antes y obtener más resultados. Desde septiembre de 2012 FinCEN genera 4 nuevos informes: Reporte de Actividades Sospechosas (FinCEN SAR), Reporte de Transacciones Monetarias (FinCEN CTR), Designación de Persona Exenta (DOEP) y Negocios de Servicios Monetarios Registrados (RMSB).

Organización

A partir de noviembre de 2013, FinCEN empleó a aproximadamente 340 personas, en su mayoría profesionales de inteligencia con experiencia en la industria financiera, finanzas ilícitas, inteligencia financiera, el régimen regulatorio ALD / CFT (lavado de dinero / financiamiento del terrorismo), tecnología informática y aplicación". La mayoría del personal es personal permanente de FinCEN, con cerca de 20 detenidos a largo plazo asignados de 13 agencias reguladoras y policiales diferentes. FinCEN comparte información con docenas de agencias de inteligencia, incluida la Oficina de Alcohol, Tabaco y Armas de Fuego; la Administración de Control de Drogas; la Oficina Federal de Investigación; el Servicio Secreto de los Estados Unidos; el Servicio de Impuestos Internos; el Servicio de Aduanas; y el Servicio de Inspección Postal de los Estados Unidos.

Ejemplos de Estados Unidos

Estados Unidos tiene diferentes organizaciones centradas en la actividad financiera nacional e internacional. Estados Unidos tiene varias leyes que requieren la presentación de informes a la FinCEN.

Estos incluyen la Ley de Derecho a la Privacidad Financiera (RFPA) de 1978, la Ley de Secreto Bancario de 1970 (y otros nombres de revisiones) y la Ley Gramm – Leach – Bliley de 1999 (GLBA). Algunos informes también deben ir a la Comisión de Bolsa y Valores.

Por ejemplo, los informes:

Informe y definición	Autoridad	Agencia receptora
Informe de transacciones de divisas (CTR). Transacciones en efectivo superiores a $ 10,000 durante el mismo día hábil. El monto superior a $ 10,000 puede ser de una transacción o una combinación de transacciones en efectivo.	Ley de secreto bancario	Servicio de ingresos internos

Registro de instrumentos negociables (NIL). Compras en efectivo de instrumentos negociables (por ejemplo, giros, cheques de caja, cheques de viajero) que tengan un valor nominal de $ 3,000 o más.	Ley de secreto bancario	Servicio de ingresos internos
Informe de actividad sospechosa (SAR). Cualquier transacción en efectivo en la que el cliente parece estar tratando de evitar los requisitos de informes de BSA (por ejemplo, CTR, NIL). También se debe presentar un SAR si las acciones del cliente indican que está lavando dinero o violando la ley penal federal. El cliente no debe saber que se está	Ley de secreto bancario	Red de Ejecución de Delitos Financieros

presentando un SAR.		

Las acciones que pueden desencadenar la presentación de un Informe de actividad sospechosa (SAR) incluyen:

1. Cualquier tipo de abuso interno de una institución financiera, que implique cualquier cantidad.
2. Delitos federales contra, o que involucren transacciones realizadas a través de una institución financiera que la institución financiera detecta y que involucran al menos $ 5,000 si se puede identificar a un sospechoso, o al menos $ 25,000 independientemente de si se puede identificar a un sospechoso.
3. Las transacciones de al menos $ 5,000 que la institución conoce, sospecha o tiene motivos para sospechar involucran fondos de actividades ilegales o están estructuradas para intentar ocultar esos fondos.
4. Las transacciones de al menos $ 5,000 que la institución conoce, sospecha o tiene razones para sospechar están diseñadas para evadir cualquier

regulación promulgada bajo la Ley de Secreto de Bancarrota.

5. Las transacciones de al menos $ 5,000 que la institución sabe, sospecha o tiene razones para sospechar que no tienen ningún negocio o propósito legal aparente o no son del tipo en el que normalmente se esperaría que el cliente particular participe y para el cual la institución no conoce una explicación razonable después de la debida investigación. El lenguaje de la RFPA indica que un Informe de actividad sospechosa presentado bajo esta regla proviene de una transacción individual, no de un perfil de actividades que hacen que la transacción se destaque.

Inteligencia Financiera nacional (FININT) de EE. UU.

Al más alto nivel, el FININT nacional de los EE. UU., y también algunos trabajos internacionales, dependen del Subsecretario del Ministerio de Economía para el Terrorismo y la Inteligencia Financiera, al frente de la Oficina de Terrorismo y Análisis Financiero, que incluye:

- **Red de Ejecución de Delitos Financieros**: rastrea transacciones domésticas
- Oficina de Control de Activos Extranjeros (OFAC): enfocada en activos extranjeros en los EE. UU.

Es una agencia de inteligencia financiera y cumplimiento del Ministerio de Economía de EE. UU. que administra y hace cumplir las sanciones económicas y comerciales en apoyo de los objetivos de seguridad nacional y política exterior de EE. UU. Bajo los poderes presidenciales de emergencia nacional, la OFAC lleva a cabo sus actividades contra estados extranjeros, así como contra una variedad de otras organizaciones e individuos, como los grupos terroristas, considerados una amenaza para la seguridad nacional de los EE. UU.

Como componente del Ministerio de Economía de los EE. UU., OFAC opera bajo la Oficina de Terrorismo e Inteligencia Financiera y se compone principalmente de objetivos de inteligencia y abogados. Si bien muchos de los objetivos de la OFAC son establecidos ampliamente por la Casa Blanca, la mayoría de los casos individuales se desarrollan como resultado de las investigaciones de la Oficina de Orientación Global (OGT) de la OFAC.

A veces descrita como una de las agencias gubernamentales "más poderosas pero desconocidas", la OFAC fue fundada en 1950 y tiene el poder de imponer sanciones significativas contra las entidades que desafían sus directivas, incluyendo imponer multas, congelar activos y prohibir partes de operar en los Estados Unidos. En el 2014, OFAC alcanzó un acuerdo récord de $ 963 millones con el banco francés BNP Paribas, que fue una parte de una multa de $ 8.9 mil millones impuesta en relación con el caso en su conjunto.

Autoridades y actividades

Además de la Ley de Comercio con el Enemigo y las diversas emergencias nacionales actualmente vigentes, la OFAC deriva su autoridad de una variedad de leyes federales de los Estados Unidos sobre embargos y sanciones económicas.

Al hacer cumplir las sanciones económicas, la OFAC actúa para evitar "transacciones prohibidas", que la OFAC describe como "transacciones comerciales o financieras y otros tratos en los que los estadounidenses no pueden participar a menos que estén autorizados por la OFAC o expresamente exentos por ley". La OFAC tiene la autoridad de otorgar exenciones a las prohibiciones de tales transacciones, ya sea mediante la emisión de una licencia general para ciertas categorías de transacciones, o mediante licencias específicas emitidas caso por caso. La OFAC administra y aplica programas de sanciones económicas contra países, empresas o grupos de personas, utilizando el bloqueo de activos y restricciones comerciales para lograr la política exterior y los objetivos de seguridad nacional. Consulte los embargos de los Estados Unidos para obtener una lista de los países afectados.

Según la Ley de Poderes Económicos Internacionales de Emergencia (IEEPA), el presidente de los Estados Unidos está facultado durante las emergencias nacionales para bloquear la eliminación de activos extranjeros bajo la jurisdicción de los Estados Unidos. La OFAC ejecuta ese mandato emitiendo regulaciones que dirigen a las instituciones financieras en consecuencia.

Entre 1994 y 2003, la OFAC recaudó más de $ 8 millones en violaciones del embargo cubano, contra poco menos de $ 10,000 por violaciones de financiamiento del terrorismo. Tenía diez veces más agentes asignados para rastrear actividades financieras relacionadas con Cuba que con Osama Bin Laden.

Como parte de sus esfuerzos para apoyar las sanciones de Irak, en 2005, OFAC multó a Voices in the Wilderness con $ 20,000 por regalar medicinas y otros suministros humanitarios a los iraquíes. En un caso similar, la OFAC impuso e intentó cobrar una multa de $ 10,000, más intereses, contra el activista por la paz Bert Sacks por llevar medicamentos a los residentes de Basora; [13] los cargos contra Sacks fueron desestimados por el tribunal en diciembre de 2012.

En octubre de 2007, un conjunto de sitios web de agencias de viajes españolas tenían su acceso a nombre de dominio deshabilitado por eNom: los nombres de dominio habían estado en la lista negra de la OFAC. Cuando se le preguntó, el Tesoro de los Estados Unidos se refirió a un comunicado de prensa de 2004 que afirmaba que la compañía "había ayudado a los estadounidenses a evadir las restricciones a los viajes a Cuba".

Oficina de Inteligencia y Análisis

La Oficina de Inteligencia y Análisis es una agencia del Departamento de Seguridad Nacional de los

Estados Unidos encargada unir y cotejar la información recibida por parte de todas las agencias de inteligencia, contraespionaje y sobre las operaciones de campo pertinentes para poder difundir informes completos a la Comunidad de Inteligencia, a los socios estatales, locales y al sector privado apropiado. La agencia es supervisada por el Subsecretario de Seguridad de Inteligencia y Análisis. Su principal objetivo es el de identificar las estructuras financieras de los grupos terroristas y las vulnerabilidades de los sistemas financieros de EE.UU. y del mundo que puedan ser aprovechadas por terroristas.

La OIA también está facultada para identificar y atacar las estructuras financieras de las redes dedicadas a la proliferación de armas de destrucción masiva, de los grupos de delincuencia organizada y de los carteles del narcotráfico.

Esta oficina no está restringida a FININT, sino que maneja la recopilación, el análisis y la fusión de inteligencia en todo el Departamento. Difunde información de inteligencia en todo el Departamento, a los demás miembros de la Comunidad de Inteligencia de los Estados Unidos y a los socorristas afectados a nivel estatal y local.

Dependiendo de la violación federal específica, la investigación policial puede estar bajo agencias que incluyen la Oficina Federal de Investigación, el Servicio Secreto de los Estados Unidos o el Servicio de Impuestos Internos.

Red Europea de Unidades de Inteligencia Financiera

La Red de la Unidad de Inteligencia Financiera (FIU.NET) es una red informática descentralizada que proporciona un intercambio de información entre las unidades de inteligencia financiera de la Unión Europea. FIU.NET es un sistema descentralizado sin base de datos central donde se recopila la información. Todas las UIF conectadas tienen su equipo FIU.NET dentro de sus propias instalaciones y administran su propia información. A través de FIU.NET, las UIF conectadas crean casos bilaterales o multilaterales. Match (autónomo, anónimo, análisis) es una herramienta de coincidencia dentro de FIU.NET. La "coincidencia" hace posible que las UIF coincidan con los nombres para encontrar los datos relevantes que poseen otras UIF conectadas. Como los datos se anonimizan, no se violan las reglas de privacidad y protección de datos.

Unidad de Inteligencia Financiera conectadas:

FIU.NET está financiado por la Comisión Europea y las UIF participantes. Actualmente, las UIF conectadas de los Estados miembros de la UE son: Austria, Bélgica, Bulgaria, Chipre, Dinamarca, Estonia, Finlandia, Francia, Alemania, Grecia, Hungría, Irlanda, Italia, Letonia, Lituania, Luxemburgo, Malta, Países Bajos, Polonia, Portugal, Rumania, Suecia, Eslovenia, Eslovaquia, España y el Reino Unido.

Órgano rector

FIU.NET se rige por una Junta de Socios formada por UIF conectadas, que se han ofrecido como voluntarios para un puesto. La Junta de Socios está presidida por un director independiente.

Gestión de proyectos

La operación diaria del sistema es administrada por la Oficina FIU.NET, una oficina de proyectos del Ministerio de Seguridad y Justicia holandés, que se encuentra en la Sede Internacional de Europol en La Haya.

Capítulo II: Áreas de entendimiento de la inteligencia financiera

Las cuatro áreas de entendimiento que componen la inteligencia financiera son:

Entendiendo los cimientos. La inteligencia financiera requiere un entendimiento de los fundamentos de la medición financiera, incluyendo el *estado de resultados*, *el balance general* y el *estado de flujo de caja*. También requiere conocer la diferencia entre efectivo y ganancias y por qué un balance general se equilibra.

- Un estado de resultados (también denominada cuenta de pérdidas y ganancias, estado de ingresos, estado de explotación o estado de operaciones) es uno de los estados financieros de una empresa y muestra los ingresos y gastos de la empresa durante un período determinado.
  Indica cómo se transforman los ingresos (también conocidos como "línea superior") en el beneficio neto (el resultado después de que se hayan contabilizado todos los ingresos y gastos). El propósito del estado de

resultados es mostrar a los gerentes e inversionistas si la compañía hizo dinero (ganancias) o perdió dinero (pérdidas) durante el período que se reporta.

El estado de resultados puede ser preparado en uno de dos métodos. El estado de resultados de un solo paso suma los ingresos y resta los gastos para encontrar el resultado final. El estado de resultados de varios pasos toma varios pasos para encontrar el resultado final: comenzando con la ganancia bruta, luego calculando los gastos de operación. Entonces, cuando se deduce de la ganancia bruta, se obtienen los ingresos de las operaciones. A la utilidad de operación se suma la diferencia de otros ingresos y otros gastos. Cuando se combina con la utilidad de operación, se obtiene una utilidad antes de impuestos. El paso final es deducir los impuestos, lo que finalmente produce el ingreso neto para el período medido.

- En la contabilidad financiera, un balance general o estado de situación financiera es un resumen de los balances financieros de una persona u organización, ya sea una empresa unipersonal, una sociedad comercial, una sociedad anónima, una sociedad de responsabilidad limitada u otra organización como el gobierno o una entidad sin fines de lucro. Los activos, pasivos y capital de propiedad se enumeran a partir de una fecha específica, como el final de su ejercicio financiero. Un balance general se describe a menudo como una "instantánea de la situación financiera de una empresa". De los cuatro estados financieros básicos, el balance general es el único que se aplica a un solo momento en el tiempo del año calendario de un negocio.

Un balance general estándar de una empresa tiene dos caras: el activo, a la izquierda, y la financiación, que a su vez tiene dos partes, el pasivo y el capital social, a la derecha. Por lo general, las principales categorías de activos se enumeran en primer lugar, y normalmente en orden de liquidez. A los activos les siguen los pasivos. La diferencia entre el activo y el pasivo se conoce como patrimonio o el activo neto o el patrimonio neto o el capital de la empresa y, según la ecuación contable, el patrimonio neto debe ser igual al activo menos el pasivo.

• En la contabilidad financiera, un estado de flujo de caja, también conocido como estado de flujos de caja, es un estado financiero que muestra cómo los cambios en las cuentas de balance y en los ingresos afectan al efectivo y a los equivalentes de efectivo, y desglosa el análisis en actividades operativas, de inversión y de financiación. Esencialmente, el estado de flujo de caja se refiere al flujo de efectivo que entra y sale del negocio. Como herramienta analítica, el estado de flujos de efectivo es útil para determinar la viabilidad a corto plazo de una empresa, en particular su capacidad de pago de facturas. La Norma Internacional de Contabilidad 7 (NIC 7) es la Norma Internacional de Contabilidad que trata de los estados de flujos de efectivo.

Las personas y grupos interesados en los estados de flujo de caja incluyen:

• Personal de contabilidad, que necesita saber si la organización será capaz de cubrir la nómina y otros gastos inmediatos.

- Prestamistas o acreedores potenciales, que desean tener una idea clara de la capacidad de una empresa para pagar.
- Inversores potenciales, que necesitan juzgar si la empresa es financieramente sólida.
- Empleados o contratistas potenciales, que necesitan saber si la compañía podrá pagar una compensación.
- Directores de empresas, que son responsables del gobierno de la empresa, y son responsables de asegurar que la empresa no opere mientras esté insolvente.
- Accionistas de la empresa.

Entendiendo el arte. Las finanzas y la contabilidad son un arte y una ciencia. Las dos disciplinas deben tratar de cuantificar lo que no siempre puede ser cuantificado, y por lo tanto deben basarse en reglas, estimaciones y suposiciones. La inteligencia financiera asegura que la gente sea capaz de identificar dónde se han aplicado los aspectos ingeniosos de las finanzas a los números, y saber cómo aplicarlos de manera diferente puede llevar a conclusiones diferentes.

Comprensión del análisis. La inteligencia financiera incluye la capacidad de analizar los números con mayor profundidad. Esto incluye ser capaz de calcular la rentabilidad, el apalancamiento, la liquidez y el ratio de eficiencia y comprender el significado de los resultados. La realización de análisis de ROI y la interpretación de los resultados también forman parte de la inteligencia financiera.

Comprender el panorama general. La inteligencia financiera también significa ser capaz de entender los resultados financieros de una empresa en su contexto, es decir, dentro del marco de la visión general. Factores como la economía, el entorno competitivo, las regulaciones y las necesidades y expectativas cambiantes de los clientes, así como las nuevas tecnologías, influyen en la forma en que se interpretan las cifras.

La inteligencia financiera no es sólo un aprendizaje teórico. También requiere práctica y aplicación en el mundo real. En el mundo corporativo, los gerentes pueden mostrar inteligencia financiera hablando el idioma, es decir, haciendo preguntas sobre los números cuando algo no tiene sentido, revisando los informes financieros y usando la información para entender las fortalezas y debilidades de la compañía, usando el análisis del retorno de la inversión (ROI), la gestión del capital de trabajo y el análisis del ratio para tomar decisiones, e identificando dónde se ha aplicado el arte de las finanzas.

¿Por qué es tan importante la inteligencia financiera?

¿Cómo te criaron para pensar en el dinero? Para la mayoría de las personas, gran parte de lo que aprendemos sobre las finanzas proviene de nuestros padres. Para algunos, tenías un buen ejemplo del cual aprender. Para otros, todavía tienes mucho que aprender. Piensa en lo que quieres enseñarles a tus hijos sobre el dinero. Sharon Lechter, quien es inversionista, ejecutiva de negocios y madre, explica que hoy enfrentamos cambios globales y tecnológicos tan grandes o incluso mayores que los que habían enfrentado antes. "Nadie puede prever el futuro, pero una cosa es segura: hay cambios por delante que están más allá de nuestra realidad. Pase lo que pase, tenemos dos opciones fundamentales: ir a lo seguro o hacerlo de manera inteligente preparándose, educándose y despertando su genio financiero y el de sus hijos".

Un hombre que decidió jugar de manera inteligente fue Robert T. Kiyosaki, autor del libro, "Padre Rico, Padre Pobre". A los 9 años de edad, Robert se dio cuenta de la desigualdad financiera y decidió hacer algo al respecto. Se embarcó en un viaje que cambiaría para siempre el curso de su camino. Tomó el que menos había transitado, como escribió su poeta favorito, Robert Frost:

"Dos caminos divergieron en un bosque, y yo, tomé el menos transitado. Y eso ha hecho toda la diferencia".

El padre de Robert era muy educado, tenía un ingreso considerable, pero tuvo problemas financieros toda su vida y murió dejando facturas por pagar. El padre del mejor amigo de Robert también tuvo un ingreso sustancial, pero se convirtió en uno de los hombres más ricos de Hawai y cuando murió dejó decenas de millones de dólares a su familia, a organizaciones benéficas y a su iglesia. El padre rico de un amigo de Robert le enseñó durante un período de 30 años, a partir de los 9 años. Elegir no escuchar los consejos y la actitud de su padre (pobre) altamente educado, sobre el dinero, fue una decisión dolorosa, pero fue una decisión que dio forma al resto de la vida de Robert. Y eso hizo toda la diferencia.

Robert explica que una de las razones por las que los ricos se hacen más ricos, los pobres se empobrecen y la lucha de la clase media por la deuda, se debe a que el tema del dinero se enseña en el hogar, no en la escuela. La mayoría de nosotros aprendemos sobre el dinero de nuestros padres. Entonces, ¿qué puede decirle un padre pobre a su hijo sobre el dinero? Simplemente dicen "quédate en la escuela y estudia mucho". El niño puede graduarse con excelentes calificaciones, pero con la mentalidad y la programación financiera de una persona pobre. Además, las escuelas se centran en habilidades académicas y profesionales, pero no en habilidades financieras. Robert explica que la asombrosa deuda nacional de EE. UU. se debe en gran parte a políticos y funcionarios gubernamentales altamente educados que toman decisiones financieras con poca o ninguna capacitación sobre el tema del dinero. ¿Cómo sobrevivirá una nación como los EE. UU. si enseñar a los niños sobre el dinero se deja en manos de los padres, la mayoría de los cuales serán o ya fueron pobres?

Robert aprendió esta verdad del padre rico de su amigo: si aprendes las lecciones de la vida, te irá bien. Si no, la vida continuará empujándote. La gente hace dos cosas. Algunos simplemente dejan que la vida los empuje. Otros se enojan y retroceden. Pero rechazan a su jefe, o su trabajo, o su cónyuge.

No saben que es la vida lo que empuja. La vida nos empuja. Algunos se rinden. Otros pelean. Algunos aprenden la lección y siguen adelante. Dan la bienvenida a la vida empujándolos. Para estas pocas personas, significa que necesitan y quieren aprender algo. Aprenden y siguen adelante. La mayoría renunció, y algunos pelearon. Si aprendes esta lección, se convertirás en una persona sabia, rica y feliz. Si no lo haces, pasarás la vida culpando de tus problemas a un trabajo, un salario bajo o a tu jefe. O si eres el tipo de persona que no tiene agallas, simplemente te rindes cada vez que la vida te empuja. Vivirás tu vida jugando a lo seguro, haciendo lo correcto, ahorrándote para algún evento que nunca sucederá. La verdad es que dejas que la vida te empuje a la sumisión. En el fondo estabas aterrorizado de correr riesgos. Realmente querías ganar, pero el miedo a perder era mayor que la emoción de ganar. Este es el consejo que Robert ha llevado consigo cuando se embarcó en su propio camino y se hizo rico como resultado.

HAY 6 LECCIONES QUE ROBERT APRENDIÓ DEL PAPÁ (RICO) DE SU AMIGO SOBRE DINERO:

LECCIÓN #1: LOS POBRES Y LA CLASE MEDIA TRABAJAN POR DINERO. LOS

RICOS NO TRABAJAN POR DINERO. LOS RICOS TIENEN DINERO TRABAJANDO PARA ELLOS.

Solo trabajar por dinero lo atasca en el patrón de ir a trabajar para pagar facturas, y cuanto más dinero se gana, más se gasta, por lo que el ciclo continúa trabajando para pagar facturas. Hay dos emociones que los impulsan: el deseo y el miedo. Para salir del ciclo, debes ser honesto, enfrentar el miedo a no tener dinero, usar tu mente y emociones a tu favor, retrasar tus reacciones y pensar por tu cuenta. Ser rico no resuelve el problema. Hay personas ricas que todavía están atados por el miedo, temen perder su riqueza. La alegría que trae el dinero es de corta duración. Debes dominar el poder del dinero, no tenerle miedo ni ser esclavo de él. La forma de hacerlo es elegir lo que piensas en lugar de reaccionar ante las emociones.

La causa principal de la pobreza o la lucha financiera es el miedo y la ignorancia, no a la economía, al gobierno o a los ricos. La vida de un humano es una lucha entre la ignorancia y la iluminación. Una vez que una persona deja de buscar información y conocimiento de sí mismo, surge la ignorancia. Esa lucha es una decisión de momento a momento: aprender a abrir o cerrar la mente.

Así es como dejas que el dinero trabaje para ti:

- No pases tu vida viviendo con miedo.
- Nunca dejes de explorar tus sueños.
- Evita trabajar duro por dinero.
- Evita pensar que el dinero te comprará cosas que te harán feliz.
- No dejes que el dinero corra tu vida.
- Vea las oportunidades que otros pierden.
- Comience un negocio que genere dinero, incluso cuando no esté allí.

Nunca deje de usar su mente e imaginación para identificar una oportunidad de ganar dinero. Verá oportunidades que otros perderán porque están buscando dinero y seguridad.

LECCIÓN #2: SI QUIERES SER RICO Y MANTENER TU RIQUEZA, ES IMPORTANTE ESTAR CAPACITADO EN FINANZA, EN AMBAS PALABRAS, ASÍ COMO EN LOS NÚMEROS.

En la vida, no se trata de cuánto dinero ganas, sino de cuánto dinero conservas. El dinero sin inteligencia financiera es dinero que pronto se va. Es más importante trabajar para educarse financieramente que preocuparse por el dinero. La mayor riqueza es la educación financiera.

Regla: debes conocer la diferencia entre un activo y un pasivo. Un activo es algo que pone dinero en mi bolsillo. Una responsabilidad es algo que saca dinero de mi bolsillo. Si quieres ser rico, simplemente pasa tu vida comprando activos. Si quieres ser pobre o de clase media, pasa tu vida comprando pasivos. No es saber la diferencia que causa la mayor parte de la lucha financiera en el mundo real.

Robert admite que todavía se ve desafiado por la idea de que una casa no es un activo. ¿Por qué una casa no es un activo?

1. La mayoría de las personas trabajan toda su vida pagando por una casa que nunca poseen.
2. Aunque las personas reciben una deducción de impuestos por intereses sobre los pagos de la hipoteca, pagan todos sus otros gastos con dólares después de impuestos.
3. Impuestos de propiedad.
4. Las casas no siempre suben de valor.
5. Las mayores pérdidas de todas son las de las oportunidades perdidas. Si todo su dinero está atado en su casa, puede verse obligado a trabajar más duro

porque su dinero continúa yendo a gastos, en lugar de a activos potenciales.

Esto no significa que no compre una casa. Es importante comprender la diferencia entre un activo y un pasivo. Si desea comprar una casa más grande, primero debe comprar activos que generarán el flujo de efectivo para pagar la casa. Los ricos se hacen más ricos debido a sus activos.

LECCIÓN #3: PARA ESTAR FINANCIERAMENTE SEGURO, UNA PERSONA NECESITA MANTENER SU PROPIO NEGOCIO.

Hay una gran diferencia entre su profesión y su negocio. Un problema con la escuela es que a menudo te conviertes en lo que estudias. El error de convertirse en lo que estudias es que muchas personas se olvidan de ocuparse de sus propios asuntos. Pasan su vida ocupándose de los asuntos de otra persona y enriqueciéndola. Para ser financieramente seguro, una persona necesita ocuparse de sus propios asuntos. Su negocio gira en torno a sus activos, en lugar de sus ingresos. Los ricos se centran en sus activos, mientras que todos los demás se centran en sus estados de resultados. La razón principal por la cual la mayoría de los pobres y la clase media son financieramente conservadores y no corren riesgos, es porque no tienen una base financiera. ¿Cómo comienzas a ocuparte de tu propio negocio?

- Mantenga su trabajo diario, pero comience a comprar activos reales.
- Mantenga sus gastos bajos, reduzca los pasivos.

¿Qué son los activos? Los siguientes incluyen varias categorías:

- Negocios que no requieren mi presencia.
- Acciones.
- Bonos.
- Los fondos de inversión.
- Bienes inmuebles generadores de ingresos.
- Notas (pagarés).
- Regalías de propiedad intelectual como música, guiones, patentes.
- Cualquier otra cosa que tenga valor, produzca ingresos o se aprecie y tenga un mercado listo.

LECCIÓN #4: ENTENDER LA HISTORIA DE IMPUESTOS Y CORPORACIONES.

La realidad real es que los ricos no pagan impuestos. Es la clase media quien paga por los pobres, especialmente la clase media de altos ingresos con educación. Los ricos no cumplen, reaccionan. Tienen dinero, poder e intención de cambiar las cosas. No solo pagan voluntariamente más impuestos. Buscan formas de minimizar su carga fiscal. Contratan abogados y contadores inteligentes, y persuaden a los políticos a cambiar las leyes o crear lagunas legales. Tienen los recursos para efectuar el cambio. Los pobres y la clase media no tienen los mismos recursos.

Inteligencia financiera es la sinergia de muchas habilidades y talentos. Pero es la combinación de 4 habilidades técnicas que son la base de la inteligencia financiera. Inteligencia financiera incluye estas áreas de especialización:

1. Educación financiera. Contabilidad. La capacidad de leer números.
2. Invertir La ciencia del dinero haciendo dinero.
3. Comprender los mercados. Oferta y demanda.
4. La Ley. La conciencia de las normas y reglamentos contables, corporativos, estatales y nacionales.

Si aspira a una gran riqueza, es la combinación de estas habilidades lo que amplificará en gran medida su inteligencia financiera.

En resumen:

Los ricos que poseen corporaciones:

1. Ganan
2. Gastan
3. Pagan impuestos

Personas que trabajan para corporaciones:

1. Ganan
2. Pagan impuestos
3. Gastan

LECCIÓN #5: LOS RICOS INVENTAN DINERO. VEN OPORTUNIDAD DONDE OTROS NO LAS VEN.

Una cosa en común en todos nosotros: Todos tenemos un tremendo potencial, y todos estamos bendecidos con dones. Sin embargo, lo que nos frena a todos es cierto grado de auto duda. Algunos están más afectados que otros.

La inteligencia financiera es simplemente tener más opciones. No es tanto lo que sucede, sino cuántas soluciones financieras diferentes se te ocurren para convertir un limón en millones. Es lo creativo que eres para resolver problemas financieros. La mayoría de las personas solo conocen una solución: trabajar duro, ahorrar y pedir prestado. Entonces, ¿por qué aumentar su inteligencia financiera? Desea tomar lo que suceda y mejorarlo. Se crea la suerte. Así como es el dinero. Si quieres tener más suerte y crear dinero en lugar de trabajar duro, entonces tu inteligencia financiera es importante. Si estás esperando que suceda lo correcto, puedes esperar mucho tiempo. ¿Qué es el dinero, después de todo? Es lo que acordamos que es. Si puede comprender la idea de que el dinero no es real, se enriquecerá más rápido. El activo más poderoso que todos tenemos es nuestra mente. Si se entrena bien, puede crear una enorme riqueza aparentemente instantánea.

El dinero se inventa, se crea y se protege utilizando la inteligencia financiera.

Las grandes oportunidades no se ven con tus ojos. Se ven con tu mente. Usted necesita ser entrenado financieramente para reconocer oportunidades frente a usted.

¿Cómo invertir sabiamente?:

1. Encuentre oportunidades que otros pierden. Mira con tu mente, lo que otros extrañan con sus ojos.
2. Aprenda a recaudar dinero. Es lo que sabes más que lo que compras. Invertir no es comprar, es una cuestión de saber.
3. Aprenda a organizar a la gente inteligente. La gente inteligente trabaja o contrata a una persona que es más inteligente de lo que es. Cuando necesite un consejo, escoja sabiamente.

LECCIÓN #6: TRABAJAR PARA APRENDER - NO TRABAJAR POR DINERO.

Desafortunadamente, hoy en día, la triste verdad es que el gran talento no es suficiente. Cuando se trata de dinero, la única habilidad que la mayoría de la gente conoce es trabajar duro. El padre rico del amigo de Robert dijo: "Quieres saber un poco sobre muchas cosas". La seguridad en el trabajo significaba todo para el padre educado de Robert, el aprendizaje significaba todo para el padre rico de su amigo. Robert recomienda a los jóvenes que busquen trabajo por lo que van a aprender, más de lo que van a ganar. Mira a lo largo del camino qué habilidades quieres adquirir antes de elegir una profesión específica y antes de quedar atrapado en la "Carrera de ratas". La "Carrera de Ratas" es el patrón de levantarse, ir a trabajar, pagar cuentas, levantarse, ir a trabajar, pagar cuentas. Estar atrapados en la trampa del proceso de pago de facturas de por vida, es como los pequeños hámsteres que corren sobre ruedas de metal. Robert inventó un juego llamado Cashflow, que es un divertido pero educativo juego de mesa que enseña cómo salir de la carrera de ratas y entrar en la vía rápida de la vida, donde sus activos exceden sus obligaciones.

Es importante que te prepares para el éxito. Esto significa aprender todos los aspectos de los sistemas de negocio. Esto significa trabajar como varias empresas, para obtener una amplia variedad de experiencia, aprendizaje y habilidades. Las habilidades de gestión necesarias para el éxito son:

1. La gestión del flujo de caja.
2. La gestión de los sistemas (incluido usted y el tiempo con la familia).
3. La gestión de las personas.

Las habilidades especializadas más importantes son las ventas y la comprensión del marketing. La habilidad de vender (comunicarse con otra persona) es la habilidad básica del éxito personal. Son las habilidades de comunicación tales como escribir, hablar y negociar las que son cruciales para una vida de éxito. Cuanto mejor se comunique, negocie y maneje su miedo al rechazo, más fácil será su vida. También necesitamos ser buenos maestros y buenos estudiantes. Para ser verdaderamente ricos, necesitamos ser capaces de dar y recibir. Dar dinero es el secreto para la mayoría de las grandes familias ricas. La ley más importante del dinero: "Da y recibirás."

10 razones por las que la inteligencia financiera es la clave del éxito

La inteligencia financiera suena como algo que solo poseen unas pocas personas elegidas, pero en realidad, hay un poco en todos nosotros. La diferencia es que no todos somos conscientes de ello e incluso hay quienes no saben cómo usarlo para su máximo beneficio. Algunas personas lo tienen más que otras y tienen una visión más aguda de cómo usar su dinero para generar más dinero. Los expertos en el tema le dirán que no hay secretos principales o esquemas rápidos para hacerse rico. Eso no significa que tengas que esforzarte demasiado tampoco. Solo necesitas comprenderlo mejor y comenzar a hacer cambios en la forma en que manejas el dinero.

Es probable que no encuentres a alguien exitoso que tampoco sea consciente de la inteligencia financiera. Esto es independientemente de cómo deseas definir el éxito. Es posible que no tengas mucho dinero en efectivo, pero estás contento con lo que trabajas y con lo que sale de él. Esto puede considerarse un éxito. Del mismo modo, puedes tener un montón de dinero, pero seas derrochador y lo desperdicias en cualquier cosa hasta que se te agota, y eso podría clasificarse como no exitoso.

Entonces, analicemos para que sepas exactamente qué es la inteligencia financiera y por qué es tan importante tenerla, y cómo puede cambiar tu vida.

La buena noticia es que este tipo de inteligencia es una habilidad para aprender. Básicamente se trata de conocer los entresijos de una situación financiera, ya sean tus finanzas personales, las finanzas de tu empresa o una empresa para la que trabajas. Básicamente es comprender y adquirir conocimientos y habilidades en finanzas en el mundo de los negocios. Es un término relativamente nuevo que ha ganado una popularidad cada vez mayor para ayudar a aumentar los resultados financieros, disminuir la rotación de empleados al incluir a los empleados en las decisiones financieras dentro de las empresas.

Aumenta tu patrimonio

¿Hay alguien que no quiera aumentar su riqueza? Para las personas con mentalidad empresarial, lo más importante que hay que saber es su flujo de caja. Ya sea que tú seas dueño de un negocio o no, necesitas saber a dónde va tu dinero. Una de las razones por las que la gente rica se enriquece y se enriquece es porque tienen la vista puesta en el flujo de efectivo y lo controlan todo el tiempo. Tú no tienes que ser dueño de un negocio para llevar un registro de a dónde va tu dinero, ni tampoco tienes que estar ganando mucho dinero para mantenerlo vigilado. Una vez que conozcas tu flujo de efectivo, descubrirás hacia dónde va el dinero que puede ser modificado, disminuido o recortado por completo. Esto aumentará automáticamente tu dinero.

Cómo se relaciona con el dinero

Puede que no lo creas, pero la forma en que piensas sobre el dinero tiene mucho que ver con la inteligencia financiera y el éxito que puedes tener. Todos conocemos el viejo refrán, "el dinero es la raíz de todo mal". Algunos de nosotros fuimos educados para creer eso, mientras que otros fueron educados con una actitud de "fácil viene, fácil se va". Mientras que otros fueron educados para creer que tienen que trabajar duro por su dinero y que "el dinero no crece en los árboles". Cualquiera que sea tu creencia, la única cosa de la que todos debemos creer y estar convencidos es que el dinero puede ser controlado.

Las personas exitosas controlan el dinero, no al revés. Ellos deciden adónde va o a quién va a ir. Tu relación con el dinero debe ampliarse y no limitarte a lo que aprendiste cuando eras joven. La educación formal no aborda realmente el tema del dinero de esta manera, y a menos que te hayas especializado en finanzas, tampoco lo hace la universidad. Así que no tomes nada de lo que has aprendido sobre el dinero al pie de la letra.

¿Qué es lo que tú sabes sobre el dinero?

Hay una diferencia entre tu creencia sobre el dinero y lo que sabes sobre el dinero. Ahora, para muchos de nosotros, sólo conocemos el poder adquisitivo del dinero, y ahí es donde termina nuestro conocimiento. Para hacer uso de la inteligencia financiera, necesitamos saber más. Necesitamos entender cómo funciona el dinero o qué son los activos frente a nuestros pasivos. Muchos de nosotros no sabemos la diferencia entre una tarjeta de crédito y una de débito. La falta de conocimiento es lo que a menudo nos obliga a cometer errores financieros que nos llevan a endeudarnos o a realizar una mala inversión financiera, lo que también puede llevarnos a endeudarnos.

Hay muchas herramientas que nos ayudan a aumentar nuestro conocimiento sobre las finanzas, y es sólo cuestión de usarlas. Si eres un ratón de biblioteca, lee más sobre finanzas. Hay más de un montón de libros, artículos y blogs sobre cómo aumentar tu inteligencia financiera. Si eres más bien un estudiante audiovisual, mira programas y entrevistas con expertos que explican los rincones y las grietas que no conoce. Incluso hay aplicaciones que te facilitarán el aprendizaje financiero al hacer un seguimiento de tus hábitos de gasto.

Lo que usted hace con el dinero

Levanta la mano si crees que haces muy poco. La mayoría de nosotros pensamos que ganamos muy poco dinero y es por eso que siempre nos encontramos en problemas financieros. Sin embargo, es cierto que no importa cuánto ganemos, nunca pensamos que es suficiente. Esto se debe a que cuantas más ganas, más empiezas a gastar. Entonces se convierte en una carrera entre lo que se gana y lo que se gasta, y sabemos que lo que se gasta siempre saca lo mejor de nosotros y gana. Pero en lo que estás gastando es en esa pregunta que definitivamente necesitas hacerte a ti mismo.

Por lo menos hemos oído hablar de la historia de "De la pobreza a la riqueza". Hemos leído historias reales sobre personas que llegaron de la nada a algo grande. Y hemos leído acerca de lo opuesto a la gente que gastó todo su dinero y terminó como el pobre indigente. Estas historias no son sólo para fines de entretenimiento; son lecciones de las que aprender. Tienen la intención de mostrarte que el éxito no depende de cuánto ganes, sino más bien de lo que hagas con esas ganancias. Un ejemplo simple de lo que muchas personas financieramente inteligentes hacen es ahorrar al menos el 10% de sus ingresos automáticamente. Nunca ven ese 10%. Ellos usan ese porcentaje para propósitos de inversión futuros o lo guardan para ganancias a largo plazo.

¿Cuál es la mejor opción para invertir?

Esa es una pregunta popular para la gente. ¿Debería invertir en bienes raíces? ¿Acciones? ¿Bonos? Estas y más pueden ser buenas inversiones, pero no antes de que inviertas en ti mismo. Esta es la mejor inversión que puedes hacer en cualquier momento de tu vida. Cuando haces eso, es mucho más probable que consigas el éxito que deseas. Por eso la gente toma cursos en una multitud de temas, por ejemplo. La persona que va a hacer crecer tu riqueza eres tú, por lo que el desarrollo de ti mismo es algo que vale la pena el tiempo y el esfuerzo.

Cuando te enfoques en el autodesarrollo, sabrás en qué eres bueno y en qué puedes tener éxito. Para muchas personas, el desarrollo personal cambió toda su vida y estilo de vida. La gente ha dejado sus carreras a otros tipos de trabajo o inversiones y ha tenido un éxito total en áreas en las que nunca pensaron que estarían. Esto puede suceder porque la mentalidad ha cambiado, haciendo que la gente esté más iluminada.

Controla lo que puedas

Hay muchas cosas que no están en nuestras manos. No está en nuestras manos cómo está actuando el mercado de valores. No está en nuestras manos si los bienes raíces bajan o suben. Tu salario, aunque llegue a tus manos, no está en tus manos. Con tantas cosas que no están bajo nuestro control, es fácil desesperarse. Pero necesitas concentrarte en lo que puedes controlar. En lo que tú quieres invertir, está bajo tu control. La forma en que gastas tu salario también está bajo tu control.

Hoy en día, vivimos en un mundo de cambios muy rápidos y el futuro siempre estará lleno de incertidumbres. Pero las personas financieramente inteligentes saben que lo que hacen hoy afectará su mañana. Trata de afinar tu previsión y darte cuenta de que cada paso financiero que des hoy tendrá un impacto positivo o negativo en el futuro.

Contratar a personas financieramente inteligentes

Sin la inteligencia, no sólo tu dinero no durará, sino que ni siquiera serás capaz de hacerlo en primer lugar. Es fácil creer que no tienes la capacidad de ser financieramente inteligente. No estás solo en esto. En realidad, es parte de la inteligencia saber que no lo sabes todo. Y aunque la mayoría de nosotros lo tenemos dentro de nosotros, todavía no sabemos cómo utilizar esa inteligencia para hacer que funcione para nosotros.

Si realmente estás perdido, no hay nada malo en pagar a alguien para que te ayude a entender y arrojar algo de luz sobre el tema. Sí, preferirías tener asesoramiento gratuito, pero ese asesoramiento gratuito de alguien que conoces podría llevarte a pagar un alto precio más adelante si ese asesoramiento es incorrecto.

Metas a corto y a largo plazo

Probablemente tienes metas a corto plazo que quieres alcanzar, todos las tenemos. Necesitas diferenciarlas de tus objetivos a corto plazo, ya que eso te mantendrá concentrado y equilibrado. Ambas son metas de dinero. Sin embargo, por lo general nos quedamos atrapados en el corto plazo y nos olvidamos del largo plazo. Durante mucho tiempo. No se puede decir lo suficiente que tanta gente es mejor para gastar dinero que para hacerlo bien. Y esto es porque no tenemos un plan de acción establecido. Necesitas proteger tu futuro y tu riqueza y usar o invertir tu dinero en cosas que también servirán a tus metas a largo plazo.

Hay blogs de seguros disponibles, que repasan los pros y contras del Seguro de Vida Universal Garantizado. Esta podría ser una inversión que pudieras considerar para ayudarte a alcanzar tu meta a largo plazo. En un momento dado, después de toda una vida de trabajo, querrás descansar o jubilarte y disfrutar de tu tiempo y vivir bien y asegurarte de que todo está siendo atendido por profesionales en el negocio de los seguros de vida.

Conozca más

Cuando tú expandes tu red de personas para incluir a personas que son financieramente inteligentes, esto te ayudará aún más. Cuando la gente quiere consejos sobre asuntos financieros, tienden a hablar con alguien en quien confían, pero puede que no sepan mucho más que tú, o incluso puede que sepan menos que tú sobre asuntos de dinero. Es una especie de ciego guiando a otro ciego que definitivamente no te ayudará a alcanzar el éxito futuro. Necesitas gente que esté en el campo, que administre y entienda bien el dinero. Cuanto más amplia sea tu red, más grande será la ventaja que obtendrá al aprender cosas nuevas y adquirir buenos hábitos de dinero.

El juego de la culpa

El último punto a mencionar es nuestro amor por el juego de la culpa. Culpamos a nuestro trabajo, a nuestro jefe, a nuestra familia, a nuestras circunstancias, al clima y a nuestros perros y gatos de por qué nuestro dinero parece desaparecer. Una gran parte de la inteligencia financiera es hacernos hombres y mujeres, y ser responsable de nuestros propios errores con dinero. No podemos tener éxito si no admitimos nuestras faltas y limitaciones y hacemos algo al respecto.

La inteligencia resuelve los problemas, no el dinero

Esto es bueno porque está en tus manos impulsar tu inteligencia financiera. Cuando lo impulses por medio de lo que hemos hablado, el dinero también aumentará. Este es el momento de pensar como un hombre de negocios, aunque no lo seas. Realiza un seguimiento de ti mismo, de tus gastos y cambia tu forma de pensar o, al menos, amplíela, entiende más sobre el dinero y pregunta a las personas, preguntas correctas para ponerte en el camino correcto hacia el éxito.

Capítulo III: ¿Qué es el análisis de inteligencia financiera?: De un enfoque defensivo a uno proactivo

La gestión de riesgos no se trata sólo de transacciones financieras, sino de relaciones abstractas conectadas por el comercio y llevadas a cabo por aquellos que hacen todo lo posible para parecer completamente legítimos. ¿Qué es el análisis de inteligencia financiera? Es una herramienta valiosa para la inteligencia y la gestión de riesgos que puede utilizarse tanto para un enfoque defensivo como para un enfoque proactivo.

El enfoque defensivo

¿Qué es el análisis de inteligencia financiera? Es uno de los principales objetivos de la inteligencia financiera "es identificar las transacciones financieras que puedan implicar evasión fiscal, blanqueo de dinero o cualquier otra actividad delictiva". Las actividades defensivas de análisis de inteligencia financiera protegen a la organización al identificar comportamientos riesgosos (el cliente que realiza grandes inversiones sin los fondos para respaldarlas) y transacciones sospechosas (como las que se realizan con países u organizaciones que figuran en la lista negra) antes de que tengan la oportunidad de perjudicar al negocio. Un enfoque defensivo es importante, pero es sólo una parte de una sólida estrategia de inteligencia financiera.

El enfoque proactivo

Un enfoque estratégico y proactivo del análisis de inteligencia financiera proporciona al usuario un mayor poder de decisión a la hora de proteger sus activos de riesgos y fraudes. Un enfoque proactivo implica una visión unificada de la información a la velocidad de los eventos en tiempo real. Permite interceptar señales débiles y tendencias antes de que se conviertan en realidad.

Las actividades de monitoreo, para los competidores y las tendencias del mercado, son capaces de explotar todo tipo de datos financieros y flujos de noticias por su valor de inteligencia. Al extraer y correlacionar automáticamente esta información que de otro modo sería imposible de analizar manualmente, los analistas pueden elegir si desean modificar sus decisiones de inversión o con quién hacer negocios con suficiente antelación, o cómo hacerlo.

Tecnología cognitiva para el análisis financiero

En pocas palabras, podemos decir que el análisis de inteligencia financiera proporciona el conocimiento financiero que tú necesitas para proteger o agregar valor a tu negocio. El problema es, ¿cómo podemos recopilar, entender y analizar la masa de información necesaria (estructurada o no estructurada, cualitativa o cuantitativa, tradicional o menos común, oculta o fácil de detectar, dentro o fuera de la organización) para nuestro análisis?

Es aquí donde la tecnología cognitiva de Cogito puede ayudar. Cogito permite a las organizaciones financieras aprovechar al máximo la información para tomar decisiones rápidas e informadas sobre la cartera y las estrategias de inversión. Gracias a sus capacidades cognitivas basadas en algoritmos de inteligencia artificial que imitan la capacidad humana de leer y entender, Cogito hace que grandes cantidades de contenido sean fácil e inmediatamente accesibles, enriquece los métodos de análisis cuantitativo y desarrolla sensores personalizados que monitorean constantemente los flujos de información.

De esta manera, Cogito puede reducir el riesgo de actividades financieras ilegales y, al mismo tiempo, ayudar a extraer valor estratégico de la información para la toma de decisiones.

¿Qué es la Unidad de Análisis de Inteligencia Financiera?

La Unidad de Análisis de Inteligencia Financiera (FIAU) es una agencia gubernamental que ha sido creada de acuerdo con la obligación de Malta de combatir el lavado de dinero y la financiación del terrorismo. Un puesto de trabajo en esta Unidad es un puesto especializado que requiere conocimientos técnicos y analíticos específicos. Estas se aplican en relación con las funciones básicas de la Unidad, que incluyen el análisis detallado de los reportes de transacciones sospechosas que se le presentan de vez en cuando. Cuando las circunstancias lo justifican, los resultados del ejercicio analítico se envían a la Policía para que investigue a las partes que figuran en los informes sobre transacciones sospechosas.

Roles y responsabilidades

La Unidad de Análisis de Inteligencia Financiera actúa como UIF de Malta y es la entidad designada para cumplir con las responsabilidades de una UIF establecidas en la Tercera Directiva de la Unión Europea sobre el blanqueo de capitales (Directiva 2005/60/CE) y en las 40 Recomendaciones del GAFI.

Las responsabilidades específicas de la Unidad se detallan en el Artículo 16 de la Ley de Prevención del Lavado de Dinero. Estos incluyen los siguientes:

Análisis Financiero

La Sección de Análisis Financiero tiene la tarea de recibir y analizar los Informes sobre Transacciones Sospechosas (ROS) y de recopilar información en respuesta a las solicitudes internacionales de información recibidas de UIF extranjeras. Cuando se recibe un ROS, la Sección realiza un análisis exhaustivo del caso y elabora un informe analítico. Esto se presenta luego al Comité de Análisis Financiero para determinar si la difusión de información a la Policía debe hacerse sobre la base de una sospecha razonable de lavado de dinero o financiamiento del terrorismo. A los efectos de realizar su análisis, la Unidad está facultada para exigir información a cualquier persona natural o jurídica, incluyendo aquellas que están sujetas a las Regulaciones de Prevención del Lavado de Dinero y Financiamiento del Terrorismo.

Los analistas financieros también son responsables de recopilar información sobre las actividades financieras y comerciales en Malta con el fin de detectar áreas que podrían ser vulnerables al blanqueo de capitales o a la financiación del terrorismo. La compilación y mantenimiento continuo de estadísticas y registros exhaustivos por parte de la Sección también ayuda a la FIAU a detectar amenazas y evaluar los riesgos a nivel nacional.

Monitoreo del cumplimiento

La función principal de la Sección de Cumplimiento es la supervisión y monitoreo del cumplimiento por parte de las personas sujetas (incluyendo las Instituciones Financieras y las Actividades y Profesiones No Financieras Designadas), sobre la base de la evolución de los procedimientos internos para los exámenes in situ y el monitoreo externo. Las evaluaciones in situ son realizadas por los oficiales de cumplimiento o por las autoridades de supervisión involucradas, quienes actúan en nombre de la FIAU. En ambos casos, la Dependencia se encarga de preparar los informes de cumplimiento pertinentes, que incluyen una lista de las medidas correctivas que se consideran necesarias.

Los Oficiales de Cumplimiento participan también activamente en la impartición de capacitación a los oficiales de las personas sujetas y en la asistencia a las personas sujetas para que desarrollen medidas y programas ALD/CFT eficaces. También monitorean los desarrollos en los métodos, tipologías y tendencias del lavado de dinero y el financiamiento del terrorismo, con el fin de ofrecer orientación y retroalimentación mediante la transmisión de información actualizada a las personas sujetas.

Relaciones Legales e Internacionales

La Sección Jurídica y de Relaciones Internacionales es responsable de supervisar los aspectos internacionales de las funciones de la FIAU y de prestar asesoramiento jurídico a las distintas Secciones de la Unidad. Además de la redacción de instrumentos jurídicos y procedimientos de aplicación, el personal de esta sección también tiene la tarea de responder a las consultas jurídicas de las personas afectadas. Esta Sección también supervisa el intercambio de información con UIF extranjeras y autoridades de supervisión tanto locales como extranjeras, incluyendo la conclusión de Memorandos de Entendimiento.

Distribución de la organización

La Junta de Gobernadores es responsable de la política que ha de adoptar la Unidad, que ha de ser ejecutada y aplicada por el director, y de velar por que el director la aplique en consecuencia. La Junta también es responsable de asesorar al ministro en todos los asuntos y cuestiones pertinentes a la prevención, detección, análisis, investigación, enjuiciamiento y sanción de los delitos de lavado de dinero y financiamiento del terrorismo ("LD/FT").

El director es responsable de llevar a cabo las operaciones y funciones de la FIAU y de ejecutar las políticas establecidas por el Directorio. El director cuenta con la asistencia de personal permanente organizado en varias secciones/departamentos, que lo son:

1. La sección de **Análisis Financiero** que está compuesta por analistas financieros que son responsables de la recepción y el análisis de los informes sobre transacciones sospechosas ("RTS") y la difusión de informes analíticos y otros informes financieros.

2. La Sección de **Cumplimiento** que es responsable de monitorear el cumplimiento por parte de someter a las personas con la legislación pertinente en materia de lucha contra el blanqueo de capitales y contra el blanqueo de capitales y las disposiciones sobre el financiamiento del terrorismo ("ALD/CFT"), en virtud de la MLPA, la PMLFTR y los Procedimientos de Implementación de la FIAU.

3. La Sección de **Relaciones Jurídicas e Internacionales**, que asesora a la Dependencia, ayuda a sujetar a las personas a través de la provisión de capacitación y orientación sobre asuntos legales y gestiona los asuntos internacionales de la Unidad.

4. La sección de **Servicios Corporativos**, cuyos miembros del personal son responsables de la Asuntos administrativos y contables de la unidad.

5. La Sección de **Tecnología de la Información y Seguridad de la Información**, cuyo personal gestiona la configuración de la tecnología de la información de la Dependencia.

6. La sección de **Política y Aseguramiento de la Calidad** que se encarga de llevar a cabo los exámenes y auditorías de las operaciones de las diversas secciones de la Dependencia, así como garantizar el cumplimiento de las metodologías, políticas y procedimientos de trabajo.

Conclusión:

Esperamos que esta guía te pueda convertir en un emprendedor y que logres aprender y desarrollar la Inteligencia financiera, lo cual es una recopilación de información sobre los asuntos financieros de entidades de interés, para comprender su naturaleza y capacidades, y predecir sus intenciones. Lee, no te quedes solo con esta información, capacítate, invierte en conocimiento que es una inversión que da frutos a corto, mediano y largo plazo, y lo más importante es que es para toda la vida. Conviértete en un maestro del juego del dinero para construir verdadera libertad financiera en negocios.

Esfuérzate y dedícate a crear y llevar con perseverancia un presupuesto y apégate a él, lo cual es una de las decisiones más importantes en la planeación financiera tanto personal, como familiar y de cualquier negocio. Haz una estimación de los ingresos, una predicción de los gastos y una asignación de los recursos. Es una herramienta que se considera indispensable para saber en qué dirección vas, o cómo va tu familia en cuando a lo económico y financiero o cómo va la vida monetaria de tu negocio y qué harás o debes hacer para alcanzar tus metas y objetivos. Es como trazar la ruta en un mapa, detallas el costo de cada tramo hasta el destino final y la manera de financiar el viaje.

Dedícate a invertir en activos y no solamente en pasivos. Invertir en activos reales debería ser la regla número uno para ti y tu familia cuando en el momento en que estén pensando dónde colocar sus ahorros o los de la empresa. No dejes que el miedo y la escasa educación financiera te hagan que pensar que el lugar más seguro e ideal, para tu ahorro, sea una cuenta corriente o un depósito que no va a generar ningún ingreso extra. A través de la historia se ha demostrado que tener el dinero en una cuenta, en un depósito o debajo de una losa o de la cama, a largo plazo deteriora nuestro poder adquisitivo, precisamente porque no te suma más de lo que guardas y como sabemos, con el tiempo el dinero se va desvalorando.

Recuerda, si no sabes cómo educarte, cómo organizarte u organizar a tu empresa económicamente, recurre a un experto. No vayas a donde tu amigo, que sabe igual o menos que tú. Cuando no sepas qué conocimientos debes adquirir o qué nuevas habilidades aprender, investiga y/o contrata un especialista. Todos seguimos necesitando ayuda de los demás para cubrir nuestras necesidades y problemas.

Referencias Bibliográficas

Nóstica Editorial (2018. Inteligencia Financiera para Todos: Guía Práctica Sobre Cómo Gestionar Tu Dinero. Recuperado de https://books.google.com.pe/books?id =3HCivQEACAAJ&dq=libros+de+inteli gencia+financiera&hl=en&sa=X&ved= 0ahUKEwjMwcTg_5vlAhVNnKwKHetY DGgQ6AEIKDAA

Kiyosaki, R. (2012). Incrementa tu IQ financiero. Recuperado de https://books.google.com.pe/books?id=Z HsMCLtRSZ8C&printsec=frontcover&dq= libros+de+inteligencia+financiera&hl=en&s a=X&ved=0ahUKEwjMwcTg_5vlAhVNn KwKHetYDGgQ6AEINjAC#v=onepage& q=libros%20de%20inteligencia%20financier a&f=false

Kiyosaki, R. (2018). Rich Dad, Poor Dad: What The Rich Teach Their Kids About Money. Recuperado de https://books.google.com.pe/books?id=Cx 6aDwAAQBAJ&printsec=frontcover&dq=l ibros+de+inteligencia+financiera&hl=en&s a=X&ved=0ahUKEwjMwcTg_5vlAhVNn KwKHetYDGgQ6AEILzAB#v=onepage& q&f=false

Borghino, M. (2012). El arte de hacer dinero (El arte de). Recuperado de https://books.google.com.pe/books?id=Dz rSlXvBGKYC&printsec=frontcover&dq=li bros+de+inteligencia+financiera&hl=en&sa =X&ved=0ahUKEwjMwcTg_5vlAhVNnK wKHetYDGgQ6AEIWzAH#v=onepage& q=libros%20de%20inteligencia%20financier a&f=false

Karen Berman. (2007). Finanzas para managers: Conceptos fundamentales de finanzas para no financieros. Recuperado de https://books.google.com.pe/books?id=HJ DkGY8eKdIC&pg=PA31&dq=libros+de+i nteligencia+financiera&hl=en&sa=X&ved= 0ahUKEwi6pZCqgZzlAhUQS60KHelSD3 E4ChDoAQg3MAI#v=onepage&q=libros %20de%20inteligencia%20financiera&f=fals e

Libro 3: Inteligencia Financiera:

Guía Para Los Emprendedores

Conviértete en Maestro del Juego del Dinero Para Construir Verdadera Libertad Financiera en Negocios.

Volumen 3

Introducción

¿Qué problemas vamos a resolver?

Lo primero a definir es lo que representa el término "inteligencia financiera": es la capacidad que desarrolla una persona para obtener nuevas fuentes económicas y de ingresos, teniendo como objetivo, el tener una estabilidad y crecimiento económico sostenido.

Cuando una persona tiene o desarrolla la inteligencia financiera, de manera más fácil podrá alcanzar todos los objetivos planteados, además, la inteligencia financiera te ayuda a desarrollar mayor seguridad en ti mismo y en tus actos, pues te ayuda a dar pasos firmes sobre tus actos, sobre ti mismo y sobre tu familia y tu entorno.

La lógica financiera se maneja con planificación, cautela, seguridad, estrategia, compromiso y disciplina, además, con experiencias adquiridas durante tu vida que te ayudarán a predecir si un proyecto será un éxito o un fracaso. Debes estudiar el mercado y el área a donde deseas emprender.

Muchas personas buscan su independencia financiera, quieren dejar de depender de un sueldo de oficina, que les permita ganar mucho más, y que todo sea de esa persona, pero tienen miedo a fracasar, a que este plan no dé resultado, y prefieren quedarse en lo seguro, en un trabajo que les asegura un ingreso fijo, trabajado duro para los demás. Si tu pensamiento es como este, te será muy difícil emprender en un producto propio y desarrollar tu independencia financiera.

Cuando una persona tiene o desarrolla la inteligencia financiera, tendrá un sexto sentido para encontrar oportunidades y fortalezas donde otros solo ven problemas.

Puedes descubrir que tu inteligencia financiera está creciendo cuando:

- Tienes egresos menores a los ingresos.
- Buscas nuevas fuentes de ingresos.
- Optimizas y rentabilizar tu capital.
- Aprendes a invertir y crear negocios.
- Planificas un futuro financiero.
- Aseguras una vida financiera correcta para tu etapa de retiro.

Desarrollar estas habilidades te ayudan a entender y desarrollar una correcta inteligencia financiera, una gran capacidad para dominar tus finanzas y tu dinero, evitando así que ellos te dominen ti.

La inteligencia financiera se desarrolla con análisis, experiencia, capacitación y aprendizaje. No encontrarás en ningún instituto o universidad una carrera que te prepare a desarrollar tu inteligencia financiera, por lo que la irás entendiendo y aprendiendo con el pasar del tiempo y viviendo tus propias experiencias, arañando día a día tus monedas, evaluando si te alcanza o no tu dinero, y evaluando si financieramente estás igual, mejor o peor.

Para lograr desarrollar una buena relación financiera entre tus activos, ambiciones y tú, te sugerimos seguir los siguientes 10 hábitos financieros:

Evaluar tu estatus financiero en la actualidad

Es importante que sepas cuál es tu situación financiera actual, para así poder tomar un control de tus finanzas personales, entonces cambiar uno de los hábitos más importantes, tu situación financiera actual, evaluando en qué estás gastando de más y sustituyéndolo para aumentar tu capacidad de ahorro y manejo de tu dinero.

Solventa todas tus deudas

Muchas personas poseen deudas tan sencillas como las de sus tarjetas de crédito, retraso en el pago de sus servicios como luz, agua, gas, etc., pero es importante resaltar que eso no debe existir. Mientras más solvente seas con tus deudas, mayor capacidad de ahorro y manejo de tu dinero tendrás.

Organiza y planifica tus ahorros

Otro importante hábito a considerar es el de organizar un buen plan de ahorros, evaluar cuánto dinero realmente necesitas gastar para cubrir tus gastos básicos como luz, agua, comida, entre otros, y evaluar cuánto dinero sobra fuera de estos gastos, para orientarlo a un fondo de ahorro.

Evita gastos innecesarios

Con nada más ahorrar un dólar, dos dólares, o lo que puedas ahorrar en un día, una semana, o un mes, es suficiente para aumentar y mejorar tu rendimiento económico e inteligencia financiera. Cuando tú entiendes que gastar en lujos o banalidades es una hemorragia en tus finanzas, planificarás mucho más el uso de tu dinero para que rinda y mejore tu estabilidad.

Practica la regla 9080

Esta regla consiste en que utilices nada más el 90% o el 80% del dinero que ganas, y el restante lo ahorras, de manera que desarrolles una cultura financiera que mejorará tu estabilidad.

Si gastas un promedio de 1.000 dólares, y ahorras 100 o 200 dólares en un mes, para el año consecutivo de ahorro tendrías unos 2.400 dólares.

Invierte en educación financiera

La idea no es solo invertir dinero, sino también tiempo, para documentarte, estudiar estructuras, leer artículos y libros que te amplíen el conocimiento y la inteligencia financiera, que te ayuden a tomar mejores decisiones a la hora de manejar tu dinero. No está demás que realices capacitaciones con expertos en el área financiera, que te brinden tips y sus propias experiencias que puedan funcionar para nutrir tu conocimiento.

Intente invertir su dinero en acciones que te den más dinero

Cuando promueves la inversión, tienes más oportunidades de aumentar tus activos y tus ingresos. Esta es la máxima representación de la inteligencia financiera, pues sabrías cómo poner a trabajar el dinero por ti, como hacen muchísimas personas en el mundo. Un claro ejemplo es invertir en un negocio local que tenga poca competencia, por ejemplo, si tienes habilidades para la cocina, y cerca de tu comunidad no hay un servicio de comida lo bastantemente atractivo para el público, puedes crear un servicio de delivery de comida, que puede ser un éxito total para ti, y que más adelante te devolverá el dinero que invertiste, y te seguirá generando buenos dividendo.

Debes comprender lo que realmente significa ser libre financieramente

Esto significa que debes cambiar totalmente tus hábitos financieros, siendo un proceso que dure muchísimo tiempo. Evita los malos vicios que te hacían derrochar dinero, y promueve el ahorro a tu favor.

Comprende que debes respetar las leyes del dinero

Son leyes y reglas que debes respetar para un correcto uso del mismo, y que más adelante, en este trabajo, iremos desarrollando para que sepas de qué trata.

Enfócate en tu retiro

Crea un fondo de retiro desde tu primer sueldo, para asegurar tu vejez a la hora del retiro laboral cuando cumplas tu tercera edad.

Las claves de una inteligencia financiera

Existe un seriado de claves sugeridas para mejorar la inteligencia financiera, las cuales pueden ser manejadas en el ámbito profesional y personal.

La inteligencia financiera debe tender a la libertad financiera

Todo lo que tengas planificado hacer con el dinero, debe estar orientado estrictamente a lo necesario, o en actividades que te generen muchísimo más dinero, más dividendos, mayor crecimiento financiero, lo que te hará desarrollar una completa libertad financiera, pues no dependerás de un salario, sino que tu dinero trabaja por ti, y mientras él trabaja, tú inviertes tu tiempo en más negocios.

Por ejemplo, puedes invertir un buen capital en un restaurant, contratando un equipo de trabajo que ponga a funcionar el local. Una vez la estrategia de trabajo esté definida, podrás dejarlo funcionar solo, e invertir tu tiempo medianamente libre en establecer más negocios rentables. Lo importante de esto es que, a pesar de que hayas delegado la función a tu equipo de producir ese negocio, debes dar una revista cada cierto tiempo para corroborar que todo funciona en orden.

Toda actividad que exija tu presencia física, no representa libertad

Tal como lo mencionamos en el ítem anterior, tu libertad financiera no existe si debes cumplir un horario, cumplir o seguir las instrucciones que algún jefe te dicte. Cuando un producto propio te genera dividendos sin necesidad de que lo debas monitorear de 8 o 10 horas al día, ahí sí se considera que tienes una libertad financiera, pero contrario a esto, si debes cumplir un horario de trabajo, no cuentas con el objetivo buscado. Puedes automatizar tu estrategia de trabajo, para poder estar en todos los proyectos que quieres realizar de manera simultánea. Es importante que busques desligarte, delegar, construir sistemas o planes de trabajo, y que tu presencia en el sitio sea cada vez menos necesario para que el producto avance y trabaje de manera orgánica y ordenada.

Deja que el dinero trabaje por ti

Va muy de la mano con lo mencionado anteriormente. Tu dinero puede trabajar por ti de diferentes formas. Por ejemplo, puedes colocar en tu cuenta de ahorros del banco todo tu dinero, sin sacarlo de la misma, a modo de que puedas generar intereses sobre el mismo, y aumentas (en poca o mucha cantidad, dependiendo al banco y a los ahorros) tu dinero y tus ahorros. Otra opción es aplicar lo que se menciona en el ítem anterior, invertir en un negocio local que te pueda dar dividendos cada semana, cada quincena, o cada mes, por la producción de ese negocio. Una estrategia ambiciosa es que esos dividendos percibidos por la inversión o ahorros, pueden ser luego reinvertidos en más inversiones que puedan generarte muchos más dividendos. Es como una bola de nieve, que va creciendo y creciendo a medida que baja una cuesta de nieve, haciéndose cada vez más grande.

Toma en cuenta que el futuro es imprevisible

En el mundo financiero siempre existen fluctuaciones que a veces te permiten subir o bajar, pero debes estar preparado para ambos escenarios, pues no sabrás en qué momento ocurrirán las cosas, pero si tienes un plan de acción para los posibles casos, estarás preparado y no te afectará mucho. Por esta razón, en los momentos de mayor productividad y grandes ganancias, lo primero que debes tomar en cuenta es crear un fondo o ahorro de protección que te ayude en las situaciones difíciles, el cual puedes ir engordando poco a poco, sin establecer un tiempo o cantidad definida de ahorro, simplemente ir ahorrando y ahorrando. Cuando ocurra el imprevisto, ya estarás cubierto por este fondo, el cual será una suerte de colchón salvavidas mientras te estabilizas de nuevo, pero sin parar el funcionamiento de tu proyecto.

Sal de tu zona de confort

El ser humano está acostumbrado a que cuando encuentra seguridad o estabilidad en algo, intenta mantenerse así, cayendo en la monotonía, sin experimentar cosas nuevas y sin descubrir estrategias que pueden mejorar y diversificar su inteligencia financiera. Salir de la rutina o de la zona de confort puede ser un atractivo para muchas personas, que sienten ese gusto por las cosas nuevas, nuevas experiencias, que permitan nutrirte y conocer cada vez más, y aplicar el dicho de los periodistas: *debes tener un océano de conocimiento con un dedo de profundidad.*

No cuentes con lo que aún no tienes

Las esperanzas o expectativas de que se concrete algo no son nada más que planes que aun no se han concretado, son parte de un futuro, una imagen que aún existe solo en tu mente, y lo único que verdaderamente es real es lo que tienes en el momento presente, lo que puedes ver y sentir en ese momento. Cuando buscas invertir o hacer algo con tu dinero, no puedes ni debes contar con lo que supones que vas a recibir, pero que en este momento no tienes. Si lo haces así, te estarías arriesgando demasiado, porque probablemente un elemento cambie durante este proceso y altere por completo el futuro y el resultado esperado, lo que te obligará a cambiar por completo todo para ajustarte a ese resultado. Esto no quiere decir que no puedas tener ambiciones, sino que antes de poner en riesgo tu futuro financiero, es mejor maquetar un plan de trabajo, a modo que cuando llegues al resultado esperado, no pierdas más tiempo y puedas ejecutarlo para conseguir otro resultado mejor, y así sucesivamente. La intensión es ir paso a paso, sin prisa, pero sin pausa, con un ritmo fijo que no desequilibre lo que has construido durante todo este tiempo de plan de ahorro.

Detén la deuda

Como lo dice un portal web que habla sobre inteligencia financiera: ***Las deudas = esclavitud = muerte financiera (para ti, pero beneficioso para los bancos).***

En muy pocas ocasiones es aceptado el endeudamiento, siempre y cuando que no sea para lujos, bienes de consumo, o cualquier acción que no te genere intereses o dividendos a tu favor. Si buscas solicitar un crédito para crear un negocio propio, está permitido que te endeudes por una causa y tiempo determinado, pues a medida que este negocio funcione, podrás ir cancelando la deuda con tu prestamista, y una vez que la hayas saldado, de ahí en adelante todo es ganancia a tu favor, y lo mejor de todo, es que el negocio será tuyo para siempre. Así debe ser el pensar de muchas personas para una correcta inteligencia financiera. Si aun tienes deudas por diferentes índoles, es importante que procures pagarlas lo antes posible, pues nunca tendrás tranquilidad mientras ellas existan. Es preferible privarte de lujos o gustos en algunas ocasiones con tal de tener una libertad y tranquilidad plena de que no debes cumplir con esos compromisos financieros que pueden ahorcarte monetariamente.

Cuídate de los tramposos o embaucadores

Muy posiblemente conozcas personas que te busquen y ofrezcan miles de maravillas con tu dinero, o negocios fraudulentos donde al final serás tú quien pague los platos rotos del mismo. Pueden ser entidades financieras, planes de acciones en la bolsa, academias de estudio o cualquier capacitación, o incluso vendedores de bienes y servicios. No des una respuesta de manera inmediata, ni dejándote guiar por el momento, evalúa muy bien la oferta, tal vez sí sea una buena propuesta, como también es muy probable que te la hayan vendido como lo mejor, y al final resulta ser un fiasco. Siempre es mejor indicarle a la persona que te está ofreciendo esto que necesitas tiempo para evaluar la oferta, y si no estás de acuerdo, manifestárselo de manera inmediata. Recuerda que debes manejar una correcta inteligencia financiera a tu favor, cuida lo tuyo, porque nadie lo hará.

No actúes por emociones

Debes tener intuición, convicción y una pizca de malicia para detectar y saber cuándo algo no va a funcionar y se te puede convertir en una tragedia, pues para el dinero y las finanzas, es necesario actuar con mente fría para no tomar malas decisiones, o de las que más adelante te puedas arrepentir. Obviamente, esto no significa que dejes de hacer cosas por miedo, codicia, o inseguridad, simplemente que debes evaluar muy bien todos los pro y contra de cada decisión a tomar, pues una vez que la ejecutas, no hay marcha a atrás y no se pueden corregir los errores en muchos momentos.

No dejes todo a la suerte, los milagros o lo imposible no existe

En las finanzas debes entender que pedirles a los santos, o simplemente pensar que algo es imposible, no existe. Las finanzas son una ciencia exacta, la cual da resultados variables según los planes de trabajo o formas de ejecución. Si decides emprender un negocio sin ninguna noción o conocimiento de finanzas o estrategias de trabajos, nada ni nadie podrá ayudarte a rescatar tu negocio, o peor aún, ponerlo a producir buenos dividendos, al contrario, se convertirá en una carga más para ti y tus finanzas. Si piensas que algo es imposible porque otros no lo han podido ejecutar, es tu oportunidad perfecta para probar y demostrar que sí se puede ser el pionero y obtener grandes recompensas por haberlo logrado. Como dice el dicho "*en esta vida todo tiene solución, menos la muerte*" por lo que debes pensar y estudiar muy bien tu estrategia de trabajo para obtener el resultado deseado. Procura enfocar tu vida financiera en productos o ámbitos que conozcas medianamente, o muy bien, pues eso te ayudará a obtener un resultado exitoso, contrario a esto, será un resultado lleno de fracasos. Por ejemplo, si tu pasión es la cocina, pero decides invertir en un negocio de energía cuántica, pero no tienes ni idea de lo que trata, el resultado será que tu liquidez financiera se diluirá como el agua.

Invertir es sinónimo de arriesgar

Este punto no debe suponer miedo o inseguridad para quien lo lee, solo debe suponer una estrategia adecuada para que el resultado sea el deseado. Una inversión no todo el tiempo resulta en un producto de alta rentabilidad, pues muchas veces no se evalúan todos los flancos a cubrir a la hora de enfocarte en la inversión de un negocio, pues al descuidar un punto importante, puedes derrumbar toda la torre. Esto no debe darte miedo, solo mayor precaución y seguridad, pues si estás completamente preparado y has estudiado a fondo el negocio y el plan de trabajo a ejecutar, no debe haber mayor riesgo que suponga la pérdida de la inversión.

Adquiere conocimiento

Saber un poco de todo es una gran ventaja que te da poder y libertad sobre los demás. Es importante que busques adquirir conocimiento sobre el rubro donde pretendes incursionar. En esta estrategia se permite delegar tareas de vez en cuando a personas que tengan más experiencia en algo que tú, pero cuanto más tú sepas, menores serán los riesgos que tendrás en lo que desees desarrollar, pues para todo en la vida, requieres una formación tanto académica como práctica.

Desarrolla una conciencia respecto al dinero

Es importante que desarrolles un respeto por el dinero, qué uso haces del mismo, y con qué fines. Otras preguntas que pueden ser de ayuda para crear esta conciencia, son las siguientes:

- ¿Te puede la avaricia, la soberbia, el miedo, el temor...?
- ¿Actúas desde la escasez o desde la abundancia?
- ¿Crees que todo el mundo tiene derecho o que tú debes llevarte mayor parte?

Siempre debes responder a la pregunta más importante, el por qué, pues su respuesta te revelará mucho a evaluar y a seguir desarrollando.

Si deseas llegar lejos, debes buscar catapultarte en los negocios

Si deseas construir un imperio, un negocio completamente próspero, debes buscar catapultar tus inversiones, invertir en grande, estudiar en grande la mayor cantidad de estrategias financieras que puedan servir para este plan.

Valora el ahorro

Debes darle el valor que representa el ahorro, pues no hay cantidades pequeñas del mismo, simplemente depende de tu consciencia y persistencia sobre el mismo.

Valora la felicidad

Invierte en lo que te haga feliz, porque el dinero no lo es todo, sino tu felicidad y comodidad. Procura que tus inversiones vayan orientadas a proyectos que realmente te hagan feliz, pleno y realizado.

Las 7 leyes del dinero

En el mundo financiero es muy importante tomar en serio cada detalle, y respetar los parámetros ya existentes para asegurar el éxito en tu prosperidad financiera. Para mantener la disciplina en este movimiento, existen 7 leyes indispensables a respetar para tengas prosperidad en tu inteligencia financiera:

Páguese a sí mismo

Esto se refiere a que el dinero excedente de los gastos principales se convierte en un ahorro, es decir que, en vez de gastarlo en algo, te lo pagues a ti mismo y lo sumes a tus ahorros. Esto requiere mucha disciplina de tu parte, pero verás que con el pasar del tiempo se convertirá en un hábito, por lo que no extrañarás el dinero que estés ahorrando.

Establezca presupuestos para controlar sus gastos

Una vez que generes una especie de "hoja de ruta" definiendo el destino de tu dinero, podrás evaluar en qué estás derogando más dinero de lo debido, para así comenzar a ahorrar el dinero que puedas. Al evaluar esto, se generará lo siguiente:

a. Recortarás los pequeños gastos, como comprar un refresco o un snack, pues resulta demasiado complicado escribirlos en la "hoja de ruta". Además, podrás evaluar cuánto cuesta al mes tomar un café diario, o hasta comprar el periódico, por ejemplo.

b. El presupuesto funciona como un protector ante las ganas de gastar dinero en cosas que realmente no son necesarias.

Pon tu dinero a trabajar por ti.

Esta regla es sumamente importante, porque poner a trabajar el dinero por ti no significa que debes estar pendiente todo el tiempo de él, al contrario, se trata de desarrollar una estrategia de trabajo o de negocio que pueda funcionar como un ciclo que funcione de manera automática, y que solo requiera de tu presencia en pocas ocasiones, solo para afinar detalles mínimos.

Expertos dicen que una opción puede ser el Mercado de Valores, y sugiere huir de lo común o lo que le ha funcionado a todo el mundo, porque se ha vuelto algo trillado y repetitivo.

Por lo general, la forma en la que se pone a trabajar el dinero, depende de muchos factores que debe tener en cuenta la persona, como sus intereses, su creatividad, o su iniciativa para los negocios.

Existen muchas opciones, desde iniciar un negocio Online, o comenzar con cualquier actividad a medio tiempo, invertir en artículos u objetos de colección, o incluso hasta publicar un libro propio que contemple todas las experiencias profesionales de alguna área.

Debes estar consciente que cualquier forma de negocios tiene sus riesgos, pero tu seguridad, planificación y disciplina serán los garantes de tu éxito.

Protéjase contra las pérdidas

Ante toda situación, es importante blindarse contra posibles imprevistos que debes tener contemplados durante tu desarrollo financiero. Siempre debes imaginar los peores escenarios, y sobre eso, contemplar un plan A, B, C y los que creas convenientes para contrarrestar esa falla.

Haga de su hogar una inversión rentable

Todo lo que tú inviertes en tu casa, debe verse como una inversión. Por ejemplo, hacer reformas en la cocina te permitirá disfrutar de mejores electrodomésticos y, si tienes en mente vender el apartamento o la vivienda en el futuro, la propiedad se revalorizará considerablemente. Ahora, si no hay intenciones de venderlo, y se tiene una hipoteca, puedes hacer amortizaciones extra desde el principio. Un buen ejemplo es que, si pagas 100 dólares extra al principio de cada mes, el retorno de esa inversión será mayor, pues no pagas intereses todo el tiempo por la misma cantidad de dinero. Así, el problema podría ser la comisión de amortización parcial que cobre el banco, pero actualmente, muchas entidades "online" no establecen ningún cargo por este concepto, que resulta importante a la hora de negociar una hipoteca, en la medida en que todos los meses sea posible destinar una parte del ahorro para la inversión en vivienda sin incurrir en gastos bancarios.

Planee su jubilación

Lo hemos mencionado a lo largo del programa, es muy importante pensar en tu vejez, por lo que es recomendable crear un fondo de retiro desde el primer salario que obtengas en tu vida, de manera que cuando llegues a esa fecha, tendrás un buen colchón o piso de ahorro que te permitirá respaldar tu retiro. Recuerda que cuando llegues a una edad avanzada, tus capacidades físicas no serán las mismas que la de un joven de 18 años, y muchas empresas reservan el derecho de admisión a sus puestos de trabajo a personas mayores de 40, 50 y hasta 60 años de edad. Una forma de planear esa jubilación, es invirtiendo en un negocio propio, que puedas convertir en una empresa a futuro.

Incremente su potencial de ganancias

Lo mencionamos en el ítem anterior, es importante que inviertas tu dinero en negocios o empresas que puedan ser tuyas, y generar ganancias que serán tuyas, y de nadie más, sin depender de un salario de empresa. Esto te da gran independencia financiera, lo que además te ayuda a prever tu fondo de retiro o de jubilación. Al realizar una inversión de esta magnitud, debes estudiar muy bien todas las posibilidades del proyecto, estudiar el mercado a conquistar, que el producto realmente funcione al público que deseas conquistar. Si deseas incrementar tu dinero, debes incrementar tus conocimientos y habilidades. Los conocimientos y habilidades se obtienen en capacitaciones con expertos mediante cursos, estudios, charlas, entre otras actividades que, por medio de experiencia de otros profesionales en la materia, puedan nutrir tu background de conocimiento sobre la materia. Esto no debe ser visto como un gasto, sino como una inversión en tu conocimiento.

Elementos diferenciadores dentro de la inteligencia financiera

En el mundo financiero existen muchos elementos diferenciadores que pueden influir de manera negativa y positiva dentro de tu inteligencia financiera, pero en tus manos está el cómo lo orientarás. Entre ellos se destaca:

a. Historial crediticio: es un registro que se genera a través de tu conducta de pago, ya sea de forma positiva o negativa, misma que se le reporta a la entidad financiera del Crédito. Este historial sirve para que empresas e instituciones conozcan el comportamiento de consumo de una persona y si cuenta con el suficiente poder adquisitivo para cubrir un nuevo financiamiento.

Entre sus ventajas más importantes, destacamos:

- Acceso a líneas de crédito más amplias y nuevas.
- Trámites más rápidos al momento de pedir un nuevo crédito o financiamiento.

- Descuentos, promociones y mejores tasas de interés.
- Buena reputación crediticia.

Este historial crediticio tiene algunas estrategias para mejorarlo, como las siguientes:

- Revisa qué empresas te están reportando (en el Reporte de la entidad financiera del Crédito) y verifica si el monto que solicitaste es correcto, así como tus pagos.
- Si desconoces algún registro, repórtalo lo antes posible.
- Llega a acuerdos con las instituciones a quienes debes, para de esta manera tener pagos con plazos fijos que puedas retribuir sin sacrificar pagos como la renta o comidas.
- No dejes de pagar, así no generarás intereses y cuando necesites solicitar un nuevo crédito sea mucho más fácil.

b. Préstamo: el préstamo es una operación financiera donde el emisor (entidad financiera, persona, etc.) entrega, en calidad de prestamista, una determinada cantidad de dinero a otra entidad, empresa o persona, que pasa a ser el solicitante. La condición de este acuerdo es que el beneficiario devuelva la cantidad acordada más los intereses generados en un plazo determinado, esta amortización se realiza de manera fraccionada, mediante cuotas prefijadas y de carácter regular. De esta manera se propicia el flujo monetario en el mercado y el ingreso de dividendos al banco o prestamista, pues mientras mayor sea el crédito, mayores serán los intereses que ingresen al banco.

c. Crédito: aunque tiene cierta similitud con el préstamo, este se refiere a una cantidad virtual de dinero, es decir, el cliente no dispone de toda la cantidad en una sola exhibición, por el contrario, podrá extraer esta cantidad de manera parcial a través de una tarjeta o una cuenta bancaria. Con respecto a los intereses, estos se generan en función de la cantidad retirada con respecto al importe total, además, el tiempo que dures en cancelar el pago. Tu historial crediticio puede aumentar de manera favorable o afectar tus finanzas, pues mientras mejor pagador seas, más oportunidades de créditos en un futuro tendrás, de lo contrario, puedes hasta perder tu casa por embargos realizados por la entidad financiera, producto de que no cancelaste tus deudas a tiempo.

d. Pago de impuestos: estos son pagos obligatorios que los ciudadanos deben hacer al Estado, en la cantidad y forma que señalan las leyes de cada región. Los impuestos son uno de los principales mecanismos por los que el gobierno de un país obtiene ingresos. Tienen gran importancia para la economía del país, ya que, gracias a esto, se puede invertir en aspectos prioritarios como la educación, la salud, justicia y la seguridad, empleos y el impulso de sectores económicos que son fundamentales para el país. El no pagar impuestos impide al gobierno destinar recursos suficientes para cubrir las necesidades de su región, por lo que es fundamental que cumplamos con esta obligación.

e. Controla tus deudas: no puedes darle rienda suelta a tus deudas, pues esto podría asfixiarte a corto plazo si no

168

sabes controlarlas. Algunas sugerencias que puedes manejar para controlar, o incluso terminar con esas deudas, son las siguientes:

f.

- Hacer una lista y priorizar cuánto debes, con sus respectivos montos y plazos para no generar intereses.
- Según expertos, tus deudas no deben ser mayores al 30% de tu ingreso, por lo que si se exceden, intenta pagarlas rápido y no hacer otra adquisición para que no aumenten del monto que puedas pagar.
- Lo primero que harás al recibir tu quincena es pagar deudas, para no preocuparte el resto del periodo.
- Evita pagar deudas endeudándote, o sea pedir prestado para pagar tu deuda.
- Identifica y evita los gastos fantasmas.

g. Prioriza tus gastos: al priorizar tus gastos, generas un piso mínimo de facturación en un mes que debes conseguir mes a mes para solventar las deudas básicas que requieres para vivir un mes, pero eso no significa que vas cubrir ese monto, al contrario, debes tratar de conseguir por encima de ese estimado para que logres tener una fuerte capacidad de ahorro mes a mes. Los gastos los debes priorizar de la siguiente manera:

- **Deudas fijas**: pagos de servicio como agua, luz o teléfono, créditos que tengas pendiente (recuerda que si no vas al corriente, te generan intereses), entre otros necesarios.

- **Comida**: haz una lista de lo que comerás y las reservas que puedes tener. No compres de más porque al final desperdiciarás comida y, en consecuencia, dinero.

- **Transporte**: ya sea transporte público o gasolina, separa el monto que gastarás.

- **Ahorros**: se recomienda ahorrar entre el 5 y 10% de tu ingreso, si se puede más, es buenísimo.

- **Gastos de cuidado personal o seguros que has adquirido (médico, de vida, etc**.)

h. Detecta gastos fantasmas: existe un seriado de gastos fantasmas que tal vez no sabes que tienes, y por ende hay fuga de tu capital que puede ser bien empleado en diferentes métodos de ahorro. Entre los gastos fantasmas hay:

- **Cargos domiciliados a tus tarjetas**. Ya sea el cable, celular, gimnasio, seguros médicos, etc. Debes revisar continuamente si el pago se hace correcto o si hay un cobro extra, y, en su caso, reportarlos para que se te haga la devolución por un cargo no reconocido.

- **Electrodomésticos conectados**. Se refiere a conexiones como el cargador del celular. Solo debes conectarlos cuando los uses, ya que, si están conectados a la corriente pero no al celular, aún siguen gastando energía, la misma que se te cobrará en tu respectivo recibo.

- **Intereses de tarjetas de crédito**. Trata de pagar siempre la cuota para no generar intereses, ya que son altos y tu deuda se irá incrementando.

- **Prestar dinero**. Usualmente se nos olvida cobrar, así que toma nota cuando hagas un préstamo, aunque sea pequeño.

- **Transporte privado**. Utilízalo cuando en verdad sea necesario, ya que al no tener una tarifa muy elevada, se nos hace fácil pedir muchos, que, al final del mes suman una buena cantidad.

- **Supermercado**. Si vas de pasillo por pasillo "para ver que se te antoja" acabarás con tu carrito lleno de cosas que no eran necesarias, y harás un gasto innecesario.

i. Ahorra y planifica unas vacaciones: ahorrar para unas vacaciones no debe suponer un gasto, o un derroche de dinero, al contrario, debe ser visto como una inversión o un premio bien merecido después de una larga jornada de trabajo. Para planificarlas, debes:

- **Establecer un presupuesto**. Para elegir un lugar donde vacacionar, primero debes saber cuánto dinero puedes gastar y no quedarte sin un peso para cuando regreses.
- **Elige un destino que se acople a tu presupuesto y gusto**. Compara varios lugares y elige transporte, hospedaje, alimentación y tours para conocer.

- **Haz una lista de lo que necesitas llevar desde aquí** ya que, si olvidas algo, usualmente es más caro en un lugar turístico, por ejemplo: bloqueador, repelente de insectos, zapatos para cada ocasión, etc.

- **Guarda un "colchoncito"** para cuando vuelvas puedas cubrir tus gastos.

- **No gastes más de lo presupuestado.** Evita comprar recuerditos, derrochar mucho dinero en taxi o en gastos adicionales que puedas evitar.

j. Ahorra en tus compras del supermercado: los supermercados son el paraíso de muchas personas, pues son almacenes donde consigues todos los productos básicos que requieres en el mes, pero también productos o antojos que no son necesarios, pero te impulsan a generar un gasto más en tu factura de consumo mensual. Para saber cuánto dinero es el necesario que requieres gastar, y evitar derrochar en lo que no necesitas, debes seguir los siguientes consejos:

- Haz una lista con lo que necesitas comprar.
- Calcula cuánto gastarás, y si al llegar al supermercado te pasas de tu presupuesto establecido, checa que productos puedes sustituir o dejar.
- Compara precios con amigos y familiares, o visitando varios supermercados, siempre y cuando tengas tiempo.
- Guarda tus tickets para calcular tus gastos a futuro.
- Ve directamente a los pasillos donde se encuentran los productos que necesitas, porque al estar paseándote por el supermercado se te antojan cosas o compras algo que al final no consumirás.

k. Genera un ahorro de emergencia: el fondo de emergencia es un comodín muy importante que te servirá en el momento menos esperado, cuando ocurra una emergencia o imprevisto que no hayas tenido contemplado, y te facilitará medianamente solucionarlo.

El mismo se puede lograr siguiendo los siguientes pasos:

- Haz una lista de tus ingresos y lo que gastas fijamente, ahí calcularás cuánto dinero puedes ahorrar.
- Se sugiere que ahorres el 10% de tu ingreso, claro, que si puedes más, será mucho mejor.
- Ahorra las moneditas del cambio que recibes en cualquier compra pequeña.
- Abre una cuenta de banco nueva, donde te den intereses al no retirar efectivo, así incrementarás el monto que estés ahorrando.
- Ponte una meta al mes para sentirte motivado a ahorrar y de esta manera cumplirlo.

El seguimiento a todas estas recomendaciones, podrá ayudarte a aumentar tu inteligencia financiera, la conciencia por el dinero, y vivirás cómodamente sin preocupaciones o deudas que puedan ahorrar tu paz y tranquilidad financiera. Una vez que crees tu independencia financiera, no querrás dejarla ir.

Guía de entrenamiento para el emprendedor

Muchas personas ven oportunidades donde otros ven problemas, y esas personas son las que deciden emprender a enfrentar ese problema, para brindarle la respuesta y el servicio a su comunidad. A estas personas las llamamos "emprendedores", pero, **¿Un emprendedor es un empresario?**

En efecto, un emprendedor es considerado un empresario, pues es una persona que decide aprovechar la adversidad de un problema para emprender, brindar una solución y convertirla en oportunidad de negocios a su favor. Según el Diccionario de la Real Academia Española, *un emprendedor es una persona que emprende con resolución, acciones o empresas innovadoras*. Esto en pocas palabras, que todo emprendedor es un empresario, y todo empresario es un emprendedor.

Un emprendedor debe estar preparado para sortear todas las dificultades que existen tras la creación de un producto o servicio, y saber manejarlo de una manera correcta y conveniente para el negocio, de manera de que brinde una excelente calidad, para no ser un fracaso como producto.

El emprendedor comienza un proceso innovador, crea algo nuevo o le da un nuevo uso a lo ya existente, y esto tiene un impacto positivo en su calidad de vida. La calidad de vida es el grado de bienestar psicosocial que percibe un sujeto (percepción subjetiva) más el nivel de sus condiciones objetivas de soporte, como es el acceso a bienes y servicios (vivienda, educación, salud, etc.)

Como lo mencionamos antes en este trabajo, existen diversos riesgos que debes asumir sin miedo y con mucha seguridad para que tu emprendimiento sea todo un éxito. Es importante destacar que el riesgo es algo que no puede eliminarse cuando hablamos de iniciativas empresariales y, en general, al referirnos a las nuevas experiencias que te interesan como emprendedor. Pero, desafortunadamente, si queremos alcanzar algo que aún no conocemos tendremos que asumir ese riesgo.

Para evaluar el nivel de riesgo que podrías estar asumiendo, y que debes contemplar, hazte las siguientes preguntas:

- ¿Esa posibilidad es grande o pequeña?

- ¿Es posible reducir ese riesgo?
- ¿Qué tanto me importa lo que se puede perder?
- ¿Qué tanto significa lo que se puede ganar para mis objetivos?

Las respuestas a estas preguntas es lo que nos permite calcular el riesgo de tal manera que sean moderados. La buena noticia es que una persona emprendedora puede reducir el riesgo apoyándose en otras características, por ejemplo: planificando, informándose y aprovechando oportunidades.

Para conocer su instinto emprendedor, puede hacerse las siguientes preguntas:

- ¿Se preocupa tanto por perder que no se anima a participar?
- ¿Cree que todo debe de estar "fríamente calculado" antes de comenzar?
- ¿No le gusta arriesgarse sin conocer con certeza el resultado de su intervención?
- ¿Mejor no arriesgarse para no perder?
- ¿Nunca ganamos si no nos arriesgamos a algo?
- ¿Qué tanto debemos arriesgarnos?, ¿Hasta dónde llegar?

Con las respuestas que des a estas preguntas, podrás saber tu instinto emprendedor, que ya es un avance para continuar con el plan.

Todo emprendedor está dentro de un mundo en constante cambio, pero su comportamiento debiera estar orientado por los valores como el compromiso, la humildad, la disciplina, el compromiso y el respeto por su público. Esta observación es muy importante para promover la formación en valores de los emprendedores como requisito indispensable para conseguir el éxito en sus empresas. A veces, pareciera fácil iniciar un negocio y tener excelentes resultados actuando fuera del marco de la ley, el respeto por las personas, el medio ambiente y la vida.

Los emprendedores generalmente comienzan sus vidas con muy poco dinero o educación financiera, pero con una gran convicción, logran que su producto sea todo un éxito total. Se calcula que más de la mitad de los emprendedores exitosos a escala mundial, tenían padres que eran propietarios de un negocio, y apenas el 35% de los emprendedores inician sus negocios antes de los 30 años de edad.

Los emprendedores, por lo general, comienzan sus negocios o emprendimientos en áreas donde ya tienen cierta experiencia de manejo, como cocina, mensajería, capacitaciones, reparaciones, entre otras áreas. Con sus ahorros personales logran financiar el comienzo de su marca, el cual está expuesto a un completo éxito, o completo fracaso, dependiendo de la estrategia de trabajo del emprendedor. Otra modalidad de financiamiento es con préstamos solicitados a amigos o familiares.

A la hora de emprender en un área o negocio, debes tener muy claro tu norte, saber qué clase de competencia tienes, el target a conquistar, el tipo de mercado, tu público objetivo, entre otros puntos que te ayudaremos a desglosar más adelante.

Para tener un buen emprendimiento, es absolutamente necesario hacer bien las cosas, pero también es importante ser capaz de agregar algo nuevo, innovar siempre que se pueda. Es muy importante incentivarse a crear/inventar/emprender. La innovación es la herramienta específica del emprendedor, puesto que emprender es la acción que transforma los recursos con miras de crear riqueza o una nueva situación de mayor complejidad y beneficios.

El emprendedor debe tener una serie de habilidades y características importantes y propias del emprendimiento. Debe tener habilidades físicas referentes al área a emprender, ser intelectual, buenas habilidades psicomotoras, ser creativo, innovador, saber asumir riesgos calculados, ser visionario, y mucho más.

Es importante tener en cuenta que la innovación y el riesgo deben ir de la mano a la hora de emprender, por lo que es importante resaltar y desarrollar los siguientes rasgos necesarios para un emprendedor:

- Alto conocimiento de sí mismo y Autoconfianza
- Fuerte motivación por el logro
- Visión de futuro real y optimista
- Capacidad de planificación y organización
- Comunicación eficaz y generación de redes de apoyo
- Iniciativa y búsqueda de oportunidades
- Persistencia
- Cumplimiento de compromisos
- Exigencia de calidad y eficiencia
- Correr riesgos calculados
- Fijación de metas y objetivos
- Búsqueda de información

- Planificación sistemática y control
- Persuasión y creación de redes de apoyo
- Autoconfianza e independencia
- Creatividad

Características de un emprendedor

Los emprendedores tienen características particulares que los hacen resaltar y diferenciar de los demás, y por eso logran con éxito todos sus planes, pero claro, deben cumplir con todas las características que a continuación mencionaremos.

Persistencia

Es la capacidad de mantener la firme decisión de lograr algo, insistir cuantas veces sea necesario para alcanzar nuestro objetivo o meta. Tomar acciones repetidas o diferentes para sobrepasar un obstáculo. Muchas personas han logrado encontrar formas ingeniosas para lograr sus metas.

La persistencia requiere muchísima energía, fuerza de voluntad, paciencia para recibir muchos "no" y pocos "si", y la persona debe estar cargada de motivación y mentalidad positiva. La persistencia es la expresión del deseo de realización a lo largo del tiempo, ya que no todo se puede lograr de un solo golpe, y se refiere a la condición para transformar una idea en algo real. El miedo al fracaso puede provocar que la persona no sea persistente, que se detenga y bloquee sus deseos, sus sueños.

Cumplimiento de compromisos

No importa el tamaño del compromiso que adquieras o con el que pongas en juego tu responsabilidad, sea grande o pequeño, debes entender que todos los compromisos que asumes significan para tu subconsciente un compromiso consigo mismo/a, que afecta tu nivel de autoconfianza y autoestima. Además, la palabra deber ser ante todo momento un valor que no requiera un papel de respaldo, pues eso es lo que hablará de ti como ciudadano, empresario y emprendedor. Generalmente se hacen promesas o compromisos, por ejemplo:

- La reunión será a las 8:00 horas en punto.
- Entregará el informe el próximo lunes.
- Devolveré el libro el sábado por la tarde.

Y los resultados son:

- Llego a las 8:30 horas, media hora más tarde.

- El informe no pude entregarlo hoy lunes, pero estará mañana martes," porque más vale tarde que nunca".
- El libro lo devolveré el lunes, porque no tuve tiempo, además no le servía en el fin de semana.

Estos son apenas unos ejemplos muy comunes que ocurren en el día a día de las personas. Este tipo de cosas no pueden ocurrir, pues hablaría muy mal de ti como empresario, o prestador de servicio.

El correcto resultado sería el siguiente:

- Llego a las 7:30 horas, para poder prepararme para la reunión y estar a tiempo, evitando cualquier contratiempo que pueda ocurrir en el camino
- Tendrá el informe el viernes, para el fin de semana revisarlo y corregir cualquier error, y el lunes se entrega como se acordó.
- El viernes en la noche se debe preparar el libro para entregarlo el sábado como fue acordado.

Las personas exitosas y comprometidas, por lo general:

- Se sacrifican y se esmeran en forma personal para concluir sus tareas.

- Colaboran con las demás personas para terminar a tiempo las tareas o tomar su lugar si es necesario.

- Se empeñan por mantener satisfechos a los clientes y valoran su relación a largo plazo con los mismos por encima de los beneficios a corto plazo.

- Son personas contentas, satisfechas consigo mismas porque se han dado cuenta que están cumpliendo.

- Se ganan la confianza de sus jefes, compañeros, clientes y familiares porque son personas responsables.

Exigencia de calidad y eficiencia

Una persona que busque siempre la excelencia en su trabajo, logra mucho más que vendiendo ofertas atractivas, pues no hay nada que busque más la sociedad que un equipo de personas o productos de alta calidad, eficiencia y compromiso. La Calidad no es más que la capacidad de satisfacer a los demás, haciendo las cosas o servicios con excelencia. El criterio de calidad no debe verse solamente en la parte final del proceso de hacer algo, debe estar en todo momento, desde la compra de la materia prima hasta el envasado o empacado del producto. La calidad es solo la satisfacción que ofrece el resultado final de mi trabajo, mientras que la calidad final es la acumulación de la calidad en cada paso que implique la tarea encomendada.

La calidad no está dirigida solamente a la producción de artículos, sino a toda actividad personal que hagamos. Es satisfactorio cuando después de hacer un trabajo se percibe que llena los requisitos requeridos y se logran los resultados esperados.

Las personas que siempre se preocupan por la eficiencia y buscan la calidad:

- Hacen las cosas mejor, más rápido y si es posible más económico.
- Trabajan para lograr y superar normas de excelencia.

Autoconfianza e independencia

Se refiere a una fuerza interna que motiva a lograr una meta. La autoconfianza, la cual es uno de los aspectos centrales del comportamiento del ser humano, está fuertemente relacionada con las demás características, pues anima o detiene la acción a desarrollar.

Cuando una persona tiene alta su Autoconfianza, asume sus tareas:

- Con responsabilidad y decisión.
- Analiza y toma el camino adecuado para lograr sus metas y comparte sus opiniones.
- Acepta críticas constructivas.
- Termina sus tareas a tiempo y bien hechas.

Ahora bien, cuando se tiene baja la Autoconfianza se manifiestan algunas de las siguientes actitudes:

- Constantemente indecisión de qué hacer, sintiéndose una persona perdida y con angustia.
- Cambio constante del rumbo de las opiniones, acciones y actividades, ansiedad.
- Incumplimiento de las tareas una vez iniciadas.
- Sufrir de parálisis mental, es decir la persona se queda analizando y analizando sin tomar una decisión final.
- Miedo de compartir las opiniones por temor a estar equivocada.
- Inseguridad a tomar riesgos porque tiene temor a fracasar.

Las personas con Autoconfianza se destacan porque:

- Buscan independencia de las reglas y el control de otras personas.
- Se responsabilizan de las causas de sus éxitos y tropiezos.
- Manifiestan confianza en su propia habilidad para terminar una tarea difícil o hacerle frente a un gran reto.
- Expresan sin temor sus convicciones y opiniones frente a otras personas.
- Transmiten seguridad y motivan a las demás personas para que emprendan acciones positivas.

Creatividad

Todas las personas tienen la capacidad de ser creativas. Hablar de la creatividad se refiere a una de las variadas formas de expresión de las personas. Se trata del rasgo más presente en la vida diaria de las personas, pues siempre busca crear cosas nuevas, que tal vez nada ni nadie más ha presentado, convirtiendo tu producto en un producto único e innovador. El concepto de creatividad está estrechamente vinculado al de innovación. Sin creatividad, no puede existir innovación y sin innovación no se puede alcanzar un alto grado de desarrollo.

Existen algunos factores que pueden favorecer u obstaculizar la creatividad, entre los que están:

Para favorecer

- Todas las ideas son aceptables.
- Buscar siempre alternativas.
- La curiosidad y los cuestionamientos.
- Cambio y movimiento.
- Fracasar es información positiva.

Para Obstaculizar

- La auto imagen.
- Miedo al ridículo.
- Preconceptos e interpretación unilateral obtenida.
- Uso rígido de conocimientos.
- Barreras sociales y jerárquicas.
- Pensamiento secuencial.

Dentro de las consideraciones que se deben tomar en cuenta para evaluar el perfil de un emprendedor, existen (con referencia del portal web AulaFacil.com):

- 0: No aparece.
- 1: Aparece en forma muy aislada y con apoyo externo.

- 2: Aparece ocasionalmente y con apoyo externo.
- 3: Aparece ocasionalmente, sin apoyo.
- 4: Aparece frecuentemente.
- 5: Aparece siempre.

Frente a cada conducta, consigne un puntaje de la escala, luego promedie los resultados de cada área de habilidad y, finalmente sume sus promedios y obtendrá el puntaje total de su Perfil Emprendedor.

Pauta de evaluación de los hábitos emprendedores.

De:

Conocimiento de sí mismo y Autoconfianza Puntaje

- Identifica sus talentos y los usa para alcanzar sus propósitos:
- Actúa por iniciativa propia usando sus recursos:
- Identifica, calcula y controla los riesgos al emprender las acciones:
- Atribuye a sí mismo las causas y consecuencia de sus acciones:

PROMEDIO (***)

Visión de futuro

- Propone nuevas alternativas para alcanzar sus propósitos:
- Visualiza anticipadamente el resultado de sus acciones:
- Da soluciones fluidas y/o flexible frente a los problemas:
- Busca y toma oportunidades para resolver sus demandas o exigencias:

PROMEDIO (***)

Motivación de logro

- Busca perfeccionarse y superarse como persona:
- Mantiene vitalidad para desarrollar las actividades:
- Cumple con los compromisos adquiridos:
- Aplica controles de calidad(hace bien las cosas):

PROMEDIO (***)

Planificación

- Define metas o propósitos concretos en su desempeño:
- Investiga, explora, curiosea, pregunta:

- Administra racionalmente los recursos:
- Evalúa y corrige las acciones:

PROMEDIO(***)

Persuasión:

- Comprende y satisface las necesidades del interlocutor:
- Trabaja cooperativamente en equipo:
- Influye en los demás:
- Construye redes de apoyo:

*** PROMEDIO***(***)

 PROMEDIO TOTAL PERFIL EMPRENDEDOR*** (***)

Aquí debes colocar la puntación que logró el emprendedor en cuestión. Ahora, haz la interpretación a ese perfil.

INTERPRETACIÓN DEL PERFIL EMPRENDEDOR

- **Nivel 4 a 5** Tiene un alto perfil emprendedor, marcado por una estructura estable de hábitos emprendedores que lo habilita para sustentar exitosamente un proyecto de negocio y con mínimo apoyo consolidará sus actividades económicas.

- **Nivel 3 a 4** Tienen un perfil emprendedor mediano. Requiere apoyo sistemático y seguimiento para superar sus debilidades y tener mayor efectividad en sus acciones.

- **Nivel 2 a 3** Tiene un perfil emprendedor bajo. Presenta sólo algunos hábitos emprendedores activos, por lo que su comportamiento para emprender es débil y requiere un apoyo intenso, seguimiento y orientación permanente para revisar sus planes y proyectos de negocio.

- **Nivel 1 a 2** Tiene un perfil emprendedor muy bajo. Presenta en forma aislada algunas conductas emprendedoras. No da garantía de logro en sus proyectos. Es recomendable que trabaje fuertemente en un plan de superación personal con apoyo externo.

Esta es una guía bastante completa y recomendada para que evalúes y sepas qué clase de emprendedor eres, e incluso, puedes mejorar o afinar los detalles que puedas encontrar bajo esta encuesta.

Componentes a tomar en cuenta al contemplar el costo total de tu emprendimiento

A la hora de comenzar un emprendimiento, debes tomar en cuenta los diferentes flancos que hacen parte de tu emprendimiento, como costos de producción, costos de distribución, costos administrativos, entre otros gastos; los cuales desglosaremos a continuación:

Costo de Producción

Son costos que se generan en el proceso de transformación de las materias primas en productos terminados. Son tres los elementos esenciales que integran el costo de producción:

1. **Materia prima.** Son los materiales que serán sometidos a operaciones de transformación o manufactura para su cambio físico o químico, antes de que puedan venderse como productos terminados. Los mismos se divide en:

    - **Materia Prima Directa:** son todos aquellos materiales sujetos a transformación, que se pueden identificar o cuantificar plenamente con los productos terminados.

- **Materia Prima Indirecta:** son todos los materiales sujetos a transformación, que no se pueden identificar o cuantificar plenamente con los productos terminados.

2. **Mano de obra.** Es el esfuerzo humano que interviene en el proceso de transformación de las materias primas en productos terminados. Se divide en:

   - **Mano de Obra Directa:** son los salarios, prestaciones y obligaciones que dan lugar a todos los trabajadores de la fábrica, cuya actividad se puede identificar o cuantificar plenamente con los productos terminados.

   - **Mano de Obra Indirecta:** son los salarios, prestaciones y obligaciones que dan lugar a todos los trabajadores y empleados de la fábrica, cuya actividad no se puede identificar o cuantificar plenamente con los productos terminados

3. **Cargos indirectos.** Intervienen en la transformación de los productos, pero no se identifican o cuantifican plenamente con la elaboración de

partidas específicas de producción. Conocidos los elementos del costo de producción es posible determinar otros conceptos de costo:

Costo primo = materia prima + mano de obra directa

Costo de transformación = mano de obra directa + costos indirectos

Costo de producción = costo primo + gastos indirectos

Gastos de operación = gastos de distribución + gastos de administración + gastos de financiamiento

Costo total = costo de producción + gastos de operación

Precio de venta = costo total + % de utilidad desead

Otros Gastos:

Gastos indirectos = (mano de obra indirecta + material indirecto) / periodo

Gastos de operación por orden de producción = gastos de operación del periodo / unidad de tiempo

Aparte de esto, debes tener muy en cuenta la diferencia y la relación entre el precio, el costo y el valor de cualquier producto o servicio en el que estés emprendiendo. La diferencia en los mismos son los siguientes:

• **Costo.** Se refiere a los gastos realizados por una empresa para producir, conservar y comercializar sus productos y servicios. Esto incluye gastos de insumos, maquinarias, administrativos, logísticos y demás. Una empresa que vende productos por debajo de sus costos, está condenada a desaparecer.

• **Precio.** Es la cantidad de dinero que se espera que se le pague por sus productos. Todo lo que usted cobre por encima de su costo sería su ganancia. Si usted tuviese un producto que le genera un costo de $5 y del que espera ganar $7 ¿qué precio debería tener? 5 + 7 = 12. Entonces, su precio debería ser $12 dólares.

• **Valor.** El valor es, en esencia, el monto que su cliente está dispuesto a pagar. En la medida que su cliente perciba que su producto vale más, usted podrá tener precios más altos y obtener mayores márgenes de ganancia. Es importante estar atento, pues muchas veces los clientes evalúan el valor en función a otros productos parecidos. Si usted vende su producto a $12 pero su competidor de costo ofrece uno parecido a $10 ¿sus clientes creerán que su precio es justo? Sería ingenuo creer que la competencia no influye en los precios. Por esto, siempre debes monitorear qué ofrecen sus competidores.

Ahora bien, existen dos herramientas muy importantes que te pueden ayudar a evaluar y monitorear de manera más efectiva tu proceso financiero con el emprendimiento, sin desperdiciar dinero e invirtiéndolo de manera correcta, además, asegurando una ganancia suficiente para seguir creciendo. Estas herramientas son el VAN y el TIR.

Para el portal web OBS Business School, el VAN y el TIR son dos fórmulas financieras empleadas con atención para analizar qué tan oportuno puede ser un proyecto para una empresa, independiente del área en el que opere o del tipo de producto al que se aluda.

Las siglas VAN significan Valor Actual Neto, y TIR es la Tasa Interna de Retorno. Ambas fórmulas se relacionan de forma directa con el flujo de caja de los negocios y buscan hacer más preciso el cálculo del tiempo en que un negocio tardará en recuperar su inversión inicial.

Para que un negocio sea realmente rentable, el valor del VAN debe ser siempre mayor que cero. Esto indicará que en un plazo estimado (por ejemplo, 5 años) podremos recuperar la inversión que ha puesto en marcha el negocio, y tendremos más beneficio que si dicha inversión se hubiese puesto a renta fija.

En cuanto a TIR, hace referencia al tipo de interés en el que el número de VAN es cero. Su función es señalar la tasa a la cual recuperaremos la inversión inicial de nuestro negocio trascurrido cierto tiempo. Lo anterior significa que cuanto mayor sea el TIR, más rentable será un proyecto. Por el contrario, si su valor es menor del esperado, querrá decir que se trata de un proyecto poco rentable y vulnerable ante las tasas de interés de cada momento.

Existen varios tipos de emprendedores, los cuales se clasifican según su área de desempeño:

4. **Emprendedor social**. No busca ningún tipo de recompensa, pues solo se enfoca en resolver algún problema en su sociedad o comunidad mediante un sistema innovador. Busca ejecutar sus ideas para que las personas puedan

tener una mejor calidad de vida en cualquier parte del mundo.

5. **Emprendedor especialista**. Es una persona metódica y técnica. Se concentra en las ideas para un sector específico y busca generar impacto a nivel corporativo con ellas. En su mayoría son profesionistas que combinan sus conocimientos con el emprendimiento para desarrollar un proyecto que les genere dinero.

6. **Emprendedor multi-funcional**. Los emprendedores multi-sector, son personas que se enfocan en varios proyectos a la vez, sin tener mucho que ver uno con el otro. Son capaces de generar avances de dos o más negocios en simultáneo, sin perder el enfoque en ninguno.

7. **Emprendedores por accidente**. Son a los que se les presenta una idea al azar y la identifican como una posibilidad real de negocios. Como, por ejemplo, cuando Zuckenberg estaba ayudando a unos compañeros de estudio en su página web de la fraternidad y la transformó en lo que es Facebook.

8. **Emprendedor oportunista.** Es el emprendedor que logra identificar la

oportunidad y desarrolla una solución a un problema en específico.

9. **Emprendedor inversionista**. Es el que cuenta con los recursos y busca proyectos e ideas para poner dinero sobre ellas, y lograr desarrollarlas. No es quien dirige el negocio, sino un socio capitalista. Generalmente estos inversionistas conocen muy bien el área donde deciden emprender, a modo de asegurar el éxito del proyecto.

10. **Emprendedor por necesidad.** Son los emprendedores que, luego de una situación desfavorable, como desempleo, situación económica y otras, deciden iniciar un negocio para solventar esas situaciones. Son los más comunes. En todos lados podemos encontrar personas que no se conformaron con recibir un sueldo o no podrían acceder a mejores salarios y decidieron satisfacer sus necesidades con un negocio.

11. **Emprendedor innovador o visionario.** Es aquel que busca nuevas maneras de solucionar un problema, y que estas maneras sean más accesibles y económicas para un sector de la población. Piensa en proyectos de largo alcance y desarrolla planes para

hacerlos rentables por décadas. Al fin y al cabo, todo emprendedor debe adaptarse a las tendencias.

Conclusión

La inteligencia financiera es un factor muy importante que no puede dejar de existir en nuestras vidas. Aunque puede representar una apuesta, no puedes ni debes sentir miedo por los resultados, con compromiso, seguridad, disciplina y planificación, puedes obtener los resultados deseados. La realidad es que en la actualidad, ya muchas personas han entendido la importancia de la libertad financiera y han desarrollado una infinidad de capacidades financieras importantes que le han permitido ser únicos e independientes, y además, han sabido aprovechar para enseñar a otras personas el funcionamiento de estas estrategias, lo cual incluso funciona como una especie de inversión y dividendos, pues estas personas que se han vuelto expertas en inteligencia financiera, no solo viven de las empresas o proyectos desarrollados bajo su independencia, sino que además, al brindar estas capacitaciones, charlas, conferencias, y mucho más en todo el mundo, han encontrado un atractivo negocio que les produce muchísimos dividendos.

Para el siglo XXI, las conferencias, capacitaciones, entrenamientos, y cualquier proyecto o negocio orientado a la psicología, son un atractivo económico muy popular para quienes desean formar parte de ese buffet de emprendedores que explican cómo lograron el éxito en diferentes áreas, o simplemente cómo lograron amasar las grandes fortunas que han logrado conseguir gracias al desarrollo de su propia inteligencia emocional.

Cada estrategia mencionada en este trabajo tiene su historial de éxito comprobado por muchos expertos. Seguirlos al pie de la letra te puede asegurar una independencia financiera a corto, mediano o largo plazo, dependiendo de tu comportamiento y compromiso.

Las finanzas son una ciencia exacta, cíclica, que nos permite predecir con un gran porcentaje de cercanía, lo que ocurrirá en un tiempo determinado. Así, con la experiencia que se desarrolla en esta materia, se pueden predecir desastre, y generar estrategias para contrarrestarlos. Júntate con expertos en esta materia, aprende de ellos, aunque no compartas sus ideas, siempre es bueno contar con un océano de conocimientos, con un dedo de profundidad. Para toda estrategia, siempre es bueno conocer todos los puntos de vista disponibles en cada escenario, así podrás tomar una decisión sensata y cercana a la realidad del momento, sin obviar ningún flanco de donde pueda saltar la liebre, como dice el dicho.

Cuando tomas la decisión de emprender un nuevo camino financiero, debes tener en mente que generalmente será un camino por el que transitarás solo, un camino donde tu único apoyo serás tú, tus conocimientos, tus capacidades de reacción, tus fortalezas, pues cada persona libera su propia batalla, y lamentablemente nadie estará contigo para librar la tuya. Lo más probable es que encuentres personas a tu alrededor que tengan una visión similar a ti en su proyecto de vida o emprendimiento, pero no será la misma visión que la tuya, por lo que al final serán caminos completamente diferentes. Pero esto no es malo, pues, como lo mencionamos más arriba, debes empaparte de las experiencias de las demás personas que están inmersas en este mundo financiero. Aunque sus experiencias no son forzosamente similares a las que tienes o tendrás en un futuro, realmente te servirán como una referencia para planificar tu estrategia de acción sobre tu inteligencia en esta área.

Debes vivir tus propias experiencias, tus propios logros y fracasos, y en los fracasos no te debes sentir mal o perder los ánimos porque no dio el resultado esperado, al contrario, debes armarte de valor, de fuerza y de carácter para seguir dando la cara hasta conseguir los objetivos buscados. El éxito de una persona no se mide por la cantidad de dinero que logró recaudar o ahorrar durante sus años de trabajo, sino que se mide por la capacidad que tiene la persona de lograr las metas diseñadas dentro de su tiempo y espacio, se mide por la cantidad de proyectos que logró ejecutar la persona con valor, decisión y dedicación.

Es momento de evaluar tus ventajas y desventajas, y luego evaluar las necesidades y fortalezas que tienes a tu alrededor, pues por lo general, allí está la respuesta que estás buscando para emprender tu propio negocio, establecer tu propia independencia financiera a partir una necesidad o problema que nadie se ha atrevido a resolver, pero que en cambio, tú puedes ser el primero en lograrlo, marcando así una pauta y una referencia de trabajo, liderando así de manera exitosa un mercado objetivo y buscado.

www.ingramcontent.com/pod-product-compliance
Lightning Source LLC
Chambersburg PA
CBHW071210210326
41597CB00016B/1757